Dorothea
HESSE-SWIKLE

Narben erinnern
mich an das *Erlebte,*
aber sie definieren
nicht meine *Zukunft*

Kaputtgekämpft oder mein Schrei nach
Gerechtigkeit

novum ▲ pro

Dieses Buch ist auch als
e-book
erhältlich.

w w w . n o v u m v e r l a g . c o m

Bibliografische Information
der Deutschen Nationalbibliothek:

Die Deutsche Nationalbibliothek
verzeichnet diese Publikation in
der Deutschen Nationalbibliografie.
Detaillierte bibliografische Daten
sind im Internet über
http://www.d-nb.de abrufbar.

Gedruckt in der Europäischen Union
auf umweltfreundlichem, chlor- und
säurefrei gebleichtem Papier.

© 2023 novum Verlag

ISBN 978-3-99131-809-5
Lektorat: Elena Iby
Umschlagfoto:
Pop Nukoonrat | Dreamstime.com
Umschlaggestaltung, Layout & Satz:
novum Verlag

www.novumverlag.com

Climate neutral
Print product
ClimatePartner.com/16547-2201-1002

Inhaltsverzeichnis

TEIL I

Kaputtgekämpft
oder
Mein Schrei nach Gerechtigkeit

Recht ist nicht immer Recht.
Wenn Recht zu Unrecht wird,
wird Widerstand zur Pflicht.
(Zitat von Berthold Brecht 1898–1965)

Fünf Minuten vor Weltbeginn rannte ich übers Stoppelfeld.

Als das Wasser der Elbe an der Ostsee brannte, zog man einen Toten lebendig heraus, der war stumm und sprach:

Dunkel war's, der Mond schien helle, schneebedeckt die grüne Flur

als ein Wagen blitzeschnelle, langsam um die Ecke fuhr.

Drinnen saßen stehend Leute, schweigend ins Gespräch vertieft,

als ein totgeschoss'ner Hase auf der Sandbank Schlittschuh lief.

Und der Wagen fuhr im Trabe rückwärts einen Berg hinauf.

Droben zog ein weißer Rabe g'rade eine Turmuhr auf.

Und auf einer roten Bank, die blau angestrichen war,

saß ein blondgelockter Jüngling mit kohlrabenschwarzem Haar.

Ringsumher herrscht tiefes Schweigen und mit fürchterlichem Krach

spielen in des Grases Zweigen zwei Kamele lautlos Schach.

Und zwei Fische liefen munter durch das blaue Kornfeld hin.

Endlich ging die Sonne unter und der graue Tag erschien.

Droben auf dem Apfelbaume, der sehr süße Birnen trug,

hing des Frühlings letzte Pflaume und an Nüssen noch genug.

Dieses Gedicht von Wolfgang von Goethe schrieb Schiller in der Abendröte, als er auf dem Nachttopf saß und die Morgenzeitung las …

Was hat nun das eigentlich recht lustige Gedicht mit mir zu tun?

Sehr viel, denn genauso wirr sieht es in meinem Kopf aus, wenn ich auf meinen jahrelangen Kampf um mein Leben, meine Würde und um mein Recht auf Gerechtigkeit zurückblicke.

So viele Widersprüche, Auf und Abs und Kopfschüttelmomente – ähnlich dem Gedicht – hatte ich seitens der Anwälte, Richter und Beamten in Form von Gerichtsurteilen und Anfeindungen durchzustehen.

Trotz alledem bin ich der Justizhölle lebend entkommen!

Kurze Autobiografie

Fünfzehn Jahre ungleicher aussichtsloser Kampf David (ich) gegen Goliath (die Justiz).

Recht haben und Recht bekommen ist zweierlei. Recht und Gerechtigkeit haben nichts miteinander zu tun ... So sehen meine Erfahrungen mit der Justiz aus. Nur mit diesem Buch konnte ich meinen inneren Frieden finden, meine Wut gegen die Justiz rauslassen und aufarbeiten.

Aber der Reihe nach: Am 11. September 1959 wurde ich als gesundes Kind im damaligen Säulen-Krankenhaus Merseburg (jetzt Carl-von-Basedow-Klinikum Saalekreis) geboren. Ich hatte bereits eine ältere Schwester, die am 19. Februar 1958 in Teuchern zur Welt kam. Wir wuchsen unbeschwert und glücklich in einem 600-Seelen-Dorf in Atzendorf, Gemeinde Geusa bei Merseburg in Sachsen-Anhalt auf. Schade ist, dass es keine Fotos von meiner Taufe in der Kirche St. Dionysius im November 1959 gab/gibt, da meine Eltern gerade in dieser Zeit unser Einfamilienhaus aus alten Bruch- und Feldsteinen bauten. Im September 1966 wurde ich eingeschult. Wir waren ein geburtenreicher Jahrgang, sodass es zwei erste Klassen gab. Meine besten Freundinnen, die ich schon aus der Kindergartenzeit (ja damals hieß es noch Ki-Ga) kannte, waren in der Parallelklasse. Meine Mutter war teilweise während unserer Ki-Ga-Zeit auch Kindergärtnerinnen, was Vor- und Nachteile hatte …

Ab der zweiten bis zur vierten Klasse besuchte ich die Grundschule Geusa. Das Lernen machte mir Spaß und zu meinen Mitschüler/-innen hatte ich immer ein sehr gutes Verhältnis. Schön war auch die Samstagsschule, was die Jüngeren gar nicht mehr kennen: von montags bis samstags in der Schule zu sein. Wenn ich nachmittags aus der Schule oder aus dem Schulhort kam, waren entweder meine Mutter oder vier Häuser weiter im Bauerngehöft meine Großeltern für mich da. Von der fünften bis zur zehnten Klasse fuhren wir mit dem Schulbus von Geusa-Atzendorf nach Merseburg-West zur „Valentina-Nikolajewa-Tereschkowa-POS" (Polytechnische Oberschule – war die allgemeine Schulform der DDR und umfasste 10 Klassen). Meinen Abschluss der 10.Klasse bestand ich mit „Sehr gut". Prüfungen waren kein Problem für mich, obwohl kurz vor den Abschlussprüfungen mein Opa verstarb, was ein schlimmes, einschneidendes Ereignis für mich war.

Die Ausbildung zur Wirtschaftskauffrau absolvierte ich im Internat in einer wunderschönen Backsteinschule, die leider abgerissen wurde – in Wittenberg.

Ja genau in der Stadt, in der Martin Luther am 31. Oktober 1517 seine 95 Thesen gegen den Ablasshandel an die Wittenberger Schlosskirchentür schlug.

Zwei wertvolle Internatsjahre in Wittenberg: Per Zug ging es am Wochenende nach Hause. Sonntagabends trafen wir uns alle in den Internatszimmern wieder. Das letzte Vierteljahr Praktikum in den Leuna-Werken zeigte mir, dass es nicht der Job fürs Leben war. Ein Jahr lang habe ich daraufhin im Staatsarchiv Merseburg gearbeitet, sämtliche Stationen von Mikroverfilmung, Buchbinderei über Ormig-Vervielfältigungsverfahren, Archivierungen und Bestandsaufnahmen kennengelernt. Die Ablehnung meinerseits, der SED (Sozialistische Einheitspartei Deutschlands) beizutreten und mich von meiner „West"-Verwandtschaft loszusagen, führte zur Entlassung. Das gleiche Problem hatte ich bei meiner Bewerbung zum Studium Fremdsprachenkorrespondentin in Berlin-(Marienfelde?) oder zum Studium „Planung, Leitung und Organisation in der sozialistischen Wirtschaft" an der Karl-Marx-Universität Leipzig.

Deshalb kam ich irgendwann zu meiner eigentlichen Berufung: Studium Große Krankenpflege in Halle und Arbeiten auf der HNO-Station Am Stadtpark des KKH's Merseburg.

Im Sotschi-Urlaub mit meiner Mutter lernte ich den späteren Vater meiner Tochter kennen. C. kam am 16.08.1981 als Acht-Monats-Kind zur Welt. Ich zog zum Vater meiner Tochter nach Zschorlau im Erzgebirge und arbeitete bis 1984 im Reisebüro Aue. Im April 1984 verschwand der Vater meiner Tochter spurlos … Von Kripo- und Stasi-Beamten erfuhr ich, dass er vor einigen Monaten einen Ausreiseantrag in die „BRD" stellte, mich aber nicht als Mitwisserin da hineinziehen wollte. So löste ich unsere gemeinsame Wohnung auf und wohnte bis 1987 in Ha-Neu (Halle-Neustadt). Während dieser Zeit, 1984–1986, hörte ich nichts mehr von ihm, so suchte ich ihn über das Rote Kreuz, sodass er wenigstens Unterhalt für unsere Tochter zahlt. Wir hatten wieder Kontakt, trafen uns mehrmals in Tschechien. Ich arbeitete in dieser Zeit an der Technischen Hochschule Merseburg.

Am 6. Dezember 1986 ist meine Schwester R. in ihrer Studentenwohnung in Dresden, Senefelder Straße, tot aufgefunden worden. Am Tag zuvor hatte ich mit ihr über den Dienstapparat der TH Merseburg noch ein sehr schönes Telefonat, wobei sie mir sagte, dass sie sich so sehr auf die Heimfahrt am Wochenende freue, weil erstens das Schweineschlachtfest bei uns im Bauernhof anstand und zweitens sie ihr Biomedizintechnik-Studium mit „Gut" abgeschlossen hatte, und sie diese Diplomarbeit im Januar nur noch verteidigen musste, was keine Hürde für sie sein werde Auf der Kripo-Wache in Dresden wurde uns gesagt, es war Suizid, aber es gab viele verdächtige Ungereimtheiten. Ihre ehemaligen Kollegen der Firma P. in Dresden wussten wohl einiges mehr, was uns entging, denn sie verhielten sich auf der Beerdigung sehr seltsam … Bei der Anforderung der Stasi-Akten für meine Schwester und mich wurden mir vorerst nur meine zugesandt. Später kamen drei komplett geschwärzte Seiten, die meine Schwester betreffen. Tja, das sagt doch alles! Hier wurde vernichtet und vertuscht, was das Zeug hält! (Meiner Meinung nach – und das ist nicht nur meine Meinung, auch Freundinnen, Bekannten und Verwandte sahen in diesen Unterlagen Hinweise auf einen Auftragsmord der Stasi.) Nur schade, dass man es nie für nötig gehalten hat, wenigstens meinen Eltern, die inzwischen verstorben sind, angemessen und wahrheitsgetreu über die Todesumstände ihrer Tochter R. zu informieren.

Meine Schwester und ich waren „aktive" Kirchenmitglieder, d.h. Christenlehre, Konfirmation, Freizeiten bei „Aktion Sühnezeichen-Friedensdienste", Treffen unter dem Motto „Schwerter zu Pflugscharen" waren uns beiden (und vielen anderen interessanten und interessierten Menschen) wichtig. Dies war der Regierung zu DDR-Zeiten natürlich ein Dorn im Auge, ich bekam dies in Form von Abmahnungen und Versetzungen zu spüren. Mein Glaube an das DDR-Regime war schon lange zerbrochen, und so fasste ich den Entschluss, im Frühjahr 1987 einen Ausreiseantrag zu stellen. Im August mussten wir von DDR-staatlicher Seite heiraten, was wir auf dem Standesamt Ha-Neu taten. Extra für uns wurde das riesengroße Portraitbild von Erich Honecker abgehängt, sodass sich ein hellbeiger Fleck von der restlichen vergilbten Tapete abzeichnete.

Im Oktober 1987 siedelten meine Tochter und ich im Zuge einer „Familienzusammenführung" in die BRD über. Damals ein

Abschied für immer – von meinen Eltern, Freunden und Verwandten. Aber es sollte ja anders kommen – im November '89.

In Hof/Oberfranken nach zwei Wochen Aufnahmelager Gießen angekommen, absolvierte ich sämtliche Computerlehrgänge und machte von 1989 bis 1991 meine Ausbildung zur examinierten Altenpflegerin. Ich fühlte mich schnell wohl, meine Tochter konnte auch in der Schule und in Sportvereinen gut mithalten. Wir bauten 1993 ein schönes Haus am Hofer Stadtrand, aber der Vater meiner Tochter sprach immer mehr dem Alkohol zu – als Fernfahrer! So kam es, dass wir allmählich Co-Abhängige wurden, das heißt, ich wurde unter Androhung von Gewalt gezwungen, ihn bei seinem Arbeitgeber krankzumelden, ihn von unterwegs (z.B. Rotterdam, Plzeň, o.Ä.) mit dem Privat-PKW abzuholen, da er nicht mehr in der Lage war, einen LKW zu führen. Irgendwann zog ich aus dem schönen Haus aus – allein in eine kleine Wohnung. Meine Tochter hielt es nach circa einem Vierteljahr nicht mehr bei ihrem Vater aus und zog zu mir. Später zog sie nach München, um eine Ausbildung zur Hotelfachangestellten bei einer großen Hotelkette zu absolvieren. Ihr Vater kümmerte sich gar nicht mehr um sie – finanzielle, moralische und tatkräftige Unterstützung bekam sie nur von mir.

Ich arbeitete – manchmal „mit dem Kopf unterm Arm" in den Sozialstationen und Altenheimen in Hof, um uns beide (meine Tochter und mich) über Wasser zu halten. Weil der Vater meiner Tochter beim Abschied zu mir sagte: „Du kannst nichts, du bist nichts, du hast nichts", habe ich den Flugschein für einmotorige Flugzeuge (wie Cessna, Piper, Grumman Tiger) gemacht, also PPL-A (Private Pilot Licence-Aeroplane) mit deutschem Sprechfunkzeugnis. Manche Landungen waren sensationell: Kurz vor dem Aufsetzen hatte mich eine Seitenböe erwischt, wenn dabei die Tragfläche auf den Boden schrammt, ist der Tank aufgerissen, und was dann passiert, brauch ich wohl nicht erwähnen. Ich konnte nur nochmal durchstarten und habe mir die „Landebahn drehen lassen". Ausgerechnet an diesem Tag hatte ich meine circa 17-jährige Tochter in der Cessna. Ich habe aber die Maschine beim zweiten Landeanflug butterweich aufgesetzt. Beim Aussteigen gab es einen Riesenbeifall von Zuschauern am Flugplatz Hof. Dachten die, das war eine geplante Stuntvorführung? In Straubing habe ich vor lauter Donaudunst die Landebahn nicht erkennen können. Dann kam sie so plötzlich, so dass ich knallhart aufgesetzt habe. Die Cessna schaukelte sich dermaßen hoch, setzte mehrmals auf und sprang wie ein Flummi hoch. Kurz vor Bahnende habe ich sie zum Stehen gebracht, bin zum Tower, um meine Landung zu bezahlen, der Lotse sagte: „Dreizehn Landungen à 3 Mark sechzig, das macht … Ist dir nicht gut?"

Im April 2001 lernte ich den später brutalen Lebensgefährten W. K. kennen, der sich regelrecht in mein Leben drängte, immer mal komische und kränkende Situationen schaffte, sich aber erst nach circa fünf Jahren als gefährlich krank, sadistisch, verlogen, narzisstisch und ekelhaft grausam entpuppte. Mit W.K. lebte ich erst in Hof in einer Bestatter-Wohnung (über einem Sarglager – schlechtes Karma, dachte ich). Im Oktober 2004 zogen wir wieder nach Geusa-Atzendorf in den Bauernhof meiner Großeltern. Mein Vater war zu dieser Zeit schon schwer herzkrank (4 Bypässe und eine Schweineklappe), so konnte ich mich noch einige Monate um ihn kümmern und ihm einen Wunschurlaub in Ungarn, Thermal-Kurort Heviz, Zalakaros und das Schwefelbad Csokonyavisonta ermöglichen. Anfang 2005 begann ich bundesweit über eine Dresdner Montage-Firma für 6,50 Euro Stundenlohn als Pflegekraft zu arbeiten. Ich wurde in Immenstadt und Oberstdorf im Allgäu, in Böblingen, Fürth im Odenwald, Karlsruhe und in Zell am Main eingesetzt. Dort brach ich am Bett einer Patientin mit Verdacht auf Bandscheibenvorfall zusammen, lag in Würzburg im Julius-Spital, wo ich während des Krankenhausaufenthalts von meiner Montage-Firma fristlos gekündigt wurde. Trotzdem waren alle diese Einsätze immer eine tolle Erfahrung, schöne Herausforderungen und Bereicherungen – vor allem: Es herrschte immer ein gutes Arbeitsklima.

Von Oktober 2005 bis März 2007 war ich in der mobilen Pflege in Merseburg tätig. Im Frühjahr 2007 wurde mir gekündigt, da in dieser Zeit recht viele Patienten verstarben. Obwohl ich die Möglichkeit hatte, neue Patienten aufzunehmen, ging die PDL (Pflegedienstleitung) nicht darauf ein, jedoch wurde ich in einem sehr herzlich-freundlichen Gespräch gegangen, da ich als Vorletzte zum Team stieß, sozialbedingt aber durfte jene bleiben, welche nach mir kam, allerdings ein schulpflichtiges Kind hatte.

Am 1. April 2006 starb mein Vater. Kurz zuvor fingen wir mit dem Bungalowbau in Geusa-Atzendorf an, was wir daraufhin erstmal bis August stoppten. Mein Vater hatte sich so sehr darauf gefreut, dem Hausbau zuzusehen – es sollte nicht sein. Unmittelbar nach dem Besuch an seinem Sterbebett im KKH Merseburg ging es für mich arbeitsmäßig in der ambulanten Pflege weiter – ab ins Dienstauto und Patienten pflegen. Ich war wie in Trance und funktionierte einfach – ganz schön viel Einsatz für einen Rausschmiss.

Bis August 2006 arbeitete mein ehemaliger Lebensgefährte W.K. in einer Firma als Bauhelfer, mit dem Hausbau in Geusa-Atzendorf schmiss er seinen Job, meinte, er müsse unbedingt beim Hausbau mithelfen und fing an, Korn und Bier zu „trinken".

Meine Tochter lebte in dieser Zeit schon mit dem Vater ihrer Kinder in Wien in Österreich. Ihren Partner hatte sie 2004 auf einem Kreuzfahrtschiff während ihrer Gastro-Praktika kennengelernt.

Im März 2007 lernte ich die 1:1-Intensivpflege kennen, zuerst ein Patient in Weißenfels mit ALS (Amyotrophe Lateralsklerose) – angestellt bei einem privaten Pflegedienst aus Dessau.

Ab Januar 2008 war ich bei einem Berliner Intensivpflegedienst in verschiedenen Teams in Mücheln/Geiseltal, Ohrdruf, Jessen, Halle, Dessau, Merseburg, Hohenmölsen und Leipzig tätig. Das Zusammenleben mit W.K. wurde für mich immer unerträglicher, da er es verstand, mir das Leben zur Hölle zu machen: Er versteckte meine Autoschlüssel, meine Handtasche, mal alle rechten Schuhe, mal alle linken Schuhe, mal meine Geldbörse, mal den Haustürschlüssel u. v. a. m. Mit dem perfiden Vorwurf, ich wäre so vertrottelt und wüsste nicht, wo ich alles hingetan hätte. Mit diesen schändlichen, hinterhältigen und heimtückischen Aktionen hatte er vor, mich psychisch fertig zu machen – mit dem Ziel, mich zu entmündigen. Es stellte sich aber immer wieder heraus bzw. es flog auf, dass ER der Täter war und all dies getan hat.

So kam es, dass ich oft zu spät, barfuß, in Hausschuhen und völlig aufgelöst und zerstreut zur Arbeit oder zu wichtigen Terminen kam. Ich war übermüdet, unkonzentriert, krank und das in DEM Job – medizinische Intensivpflege! Die Verantwortung für einen beatmungspflichtigen, schwerstkranken Intensivpatienten mit Wiederbelebung, Sauerstoffgabe, Medikamentengabe, Ernährungssonde und allem Drum und Dran ist enorm!

Im September 2009 schmiss ich den Vogel aus dem Nest! Was er sich in der Nacht nach der Geburtstagsfeier meines 50. Ehrentages geleistet hat, war die dreisteste Krönung – dachte ich. Dass es noch schlimmer kommen sollte, konnte ich zu diesem Zeitpunkt noch nicht ahnen! Beim Zubettgehen nach der Feier rüttelte er am Bett, riss eine Bettkante ab und verprügelte mich damit – ohne Vorwarnung. Ich musste LAUTLOS schreien – vor Schmerzen und Hass, da ich im Haus Schlafgäste hatte. Ich schämte mich doch so sehr für meine Verirrung, an welch schrecklichen Typen ich da geraten war!

Am nächsten Tag machte ich gute Miene zum bösen Spiel, die Scham, mir so ein Ekel von Schlägertyp an Land gezogen zu haben, war unbeschreiblich. Also suchte ich für ihn eine Wohnung in Merseburg, die er nicht bezog – im Nachhinein erfuhr ich, dass er sie bekommen hätte, er sie aber ablehnte. Ich besorgte ihm eine zweite und eine dritte Wohnung – alles natürlich ohne Erfolg, es war ja fiese Berechnung seinerseits! Meine Mutter, die inzwischen ins Bauernhaus meiner verstorbenen Großeltern gezogen war, (mein Elternhaus hat sie nach dem Tod meines Vaters so gut wie verschenkt) nahm ihn nach einigen Bettelversuchen in der Wohnung über ihr gnädigerweise auf. Sie wusste ja zu der Zeit noch nicht, wie brutal, hinterlistig und krank dieser Psychopath war oder noch ist – weiß man's?! So konnte mich W.K. auch besser überwachen, mir nachstellen und auflauern. Obwohl ich alle Schlösser meines Hauses austauschte, hatte ich öfter das Gefühl: Er war im Haus! Die Heizungsanlage war manipuliert – ich hatte eine enorm hohe Nachzahlung, Dinge fehlten, lagen woanders und dergleichen mehr. Er überwältigte mich, sprang hinter der Hausecke vor, drückte die Haustür auf, brach die Nebeneingangstür auf, er bedrohte mich, erpresste mich und vieles andere mehr, was ich verdrängt habe, um einigermaßen zu überleben und zu funktionieren. Es war wie in einem Psychothriller und erinnert mich an den Film „Der Feind in meinem Bett".

Im Sommer 2011 saß ich mit der Tochter einer Patientin im Wintergarten hinter meinem Bungalow. W.K. passte mich ab, sagte, er müsse dringend mit mir reden. Mit Gewalt verschaffte er sich Zutritt zu meinem Haus und fiel bewusstlos hin. Wir riefen den Rettungsdienst, es wurden Psychopharmaka bei ihm gefunden, Atemalkohol wurde festgestellt, er wurde akut notfallmäßig in die Psychiatrie Querfurt eingewiesen. Leider hat man dort sein gefährliches, betrügerisch-manipulatives Verhalten nicht ernst genommen, sodass er weiter auf die Menschheit losgelassen wurde. Immer wieder passte er mich ab, setzte mich mit erpresserischen Aussagen unter Druck, indem er mir drohte, mein Haus mitsamt meiner Person und meinen zwei Katzen abzufackeln, meine Katzen verschwinden zu lassen oder zu töten. Er erpresste mich damit, meiner Tochter in Wien etwas Schlimmes anzutun, ihr zu sagen, dass meine Mutter todsterbenskrank sei, sodass meine Tochter im Schock ihr Baby verliert, oder meiner Mutter in ihrer krebskranken, Chemotherapie-schweren Zeit zu sagen, dass meine Tochter eine schlimme Risikoschwangerschaft habe, sodass meiner Mutter im Schock die Organe versagen.

Er hetzte mich öfter mal quer durchs Dorf, dabei drohte er mir, mich umzubringen – er wirkte dabei wie eine wildgewordene Bestie, wobei seine Augen rausquollen … Ich hatte Panik, es war kein Leben mehr für mich, nur noch nacktes Überleben! Dabei musste ich aber gerade in dieser Zeit für alle und jeden funktionieren! Ich konnte zwar ins Frauenhaus nach Merseburg flüchten, musste aber weiterhin funktionieren, zur Arbeit fahren, einkaufen, soziale Kontakte aufrechterhalten usw. Es war eine enorme Belastung!

Anfang September 2011 bekam ich durch Zufall mit, dass W.K. eine brennende Zigarette im Gesicht meiner Mutter ausdrückte. Das Mittagessen, welches ich meiner Mutter brachte, warf er im ganzen Innenhof durch die Gegend und brüllte furchterregend, schlug meine Mutter und jagte sie quer durch den Hof. In der Zeit, in der alles eskalierte, rief ich die Polizei – er bekam eine Bannmeile und eine gratis Taxifahrt. Mehr konnte die Polizei angeblich nicht tun.

Dieser grausame Psychopath kam bei Polizei und Justiz mit seinem oberflächlichen Charme, seinem erheblich übersteigerten Selbstwertgefühl, mit seinem pathologischen Lügen, mit seinem betrügerisch-manipulativen Verhalten, mit seinem Mangel an Gewissensbissen und Mangel an Schuldbewusstsein, seinen oberflächlichen Gefühlen, seiner Gefühlskälte und seinem Mangel an Empathie als trickreicher und sprachgewandter Blender leider immer gut durchs Leben!

Am 8. September 2011 fuhr ich meine Mutter ins Krankenhaus zur Chemotherapie – sämtliche Voruntersuchungen wartete ich ab – alles gut – chemotauglich! Meine Mutter musste nur noch auf ein freies Bett warten, beim Abschied sagte sie: „Ich habe solche Angst, was soll das alles noch werden mit diesem brutalen Kerl?" (Wie recht sie haben sollte!)

Kaum zu Hause angekommen, erhielt ich einen Anruf vom Krankenhaus: „Ihre Mutter hatte einen schweren Schlaganfall, wenn

Sie sich beeilen, schaffen Sie es noch, sich von ihr zu verabschieden." Als ich im Krankenhaus ankam, war sie bereits tot. Mir sagte eine damals vertraute Person: „Sind wir doch mal ganz ehrlich, der W.K. hat Ihre Mutti auf dem Gewissen, aber das darf man ja nicht offiziell ohne Beweise, sondern nur hinter vorgehaltener Hand aussprechen, sonst kommt man in Teufels Küche!" Ja, sie sprach mir aus der Seele. Natürlich ist an dieser Aussage etwas dran, denn die Ärzte haben meiner Mutter noch 2 bis 3 Jahre „gegeben". Aber ich fühle mich dermaßen schuldig, weil ich diesen Psychopathen, der sich verlogen-charmant einschleimen konnte, irgendwann mal in unser Leben gelassen habe. Bitte verzeih' mir, meine allerliebste Mami!!!

W.K. hat mich noch sehr oft abgepasst, obwohl er endlich eine Wohnung in Merseburg bezogen hatte, der Vermieter jedoch sehr wütend war, weil er einen schlimmen Mieter reingesetzt bekommen hat, was ich später über Dritte erfuhr.

W.K. wurde dabei beobachtet, als er die Gräber meiner Familie zertrampelt hat, er ist im Dunkeln hinter der Hausecke vorgesprungen, als ich zur Arbeit fahren wollte, hat sich mal vor, mal hinter mein Auto geworfen – wie im Katz- und Maus-Spiel, nur alles andere als lustig, sondern kriminell! Dies hat eine Bekannte, S.P., mit ihrer kleinen Tochter A. während der Gassi-Runde mitansehen müssen. Frau P. sagte mir später, dass sie daraufhin mit ihrer Tochter A. mehrmals beim Psychologen war, um das Trauma aufzuarbeiten.

Meine Kollegen der Pflegeteams wollten mich bald nicht mehr als Kollegin, da ich wegen diverser Vorfälle mit W.K. oft „durch den Wind" war, barfuß, zu spät oder gar nicht kam. Angehörige der Patienten lehnten mich ab, „weil Schwester Dorothea immer mal was mit der Polizei zu tun hat". Das alles war sehr belastend für mich, da es Mobbing vom Feinsten war, aber nicht als Mobbing angezeigt werden konnte. Das hieß für mich: Ich musste in ein anderes Pflegeteam, wo mir sowieso irgendwann mal das Gleiche passierte. Ich wurde von Team zu Team geschoben, wurde immer ängstlicher, unsicherer, unausgeglichener, immer erschöpfter, immer kränker. Das tut so weh, sich wie ein Ertrinkender mit der letzten Kraft über Wasser zu halten. Kurz – man lehnte mich überall ab! Und was das mit einem macht, kann man nicht in Worte fassen!

Ablehnung ist sowieso ein heikles Thema für mich, wahrscheinlich wurde mein Unterbewusstsein schon im Babyalter NEGATIV auf Ablehnung programmiert!

Meine Mutter erzählte mir mehrmals, als sie nach der Entbindung mit mir kleinem Bündel im Arm zu Hause ankam, übergab sie das Neugeborene (also mich – eine Woche alt) meinem in dem Moment überforderten Vater, er nahm blitzschnell seine Arme nach hinten, so ließen sie mich fallen – auf den harten Steinfußboden …

Nächstes Beispiel zum Thema Ablehnung: Es war Schulfest in der Oberschule, wir waren alle so um die 13 Jahre alt. Ich tanzte mit Freundinnen. Dann hieß es: Damenwahl. Ich nahm allen Mut zusammen, ging zu meinem heimlichen Schwarm aus der Parallelklasse und fragte ihn, ob er mit mir tanzen möchte. P. sagte nur: „Hau ab, Mensch!" Ich stand unter Schock, war gekränkt, meine Fröhlichkeit und Unbeschwertheit sowie mein Selbstwertgefühl waren dahin. Diese Situation hat mich noch für Jahre geprägt, denn so ein Satz mitten in der Pubertät macht etwas Schlimmes mit einem und seinem Selbstbewusstsein. Zum Beispiel war ich deshalb später in der Disco in Wittenberg immer nur der „Handtaschenhalter" …

Dass man mit Ablehnung leben muss, ist mir klar, ich lehne ja manchmal selbst ab, aber manches brennt sich eben ein …

Nachdem ich mich zwei Monate lang nach dem Tod meiner Mutter zu Hause eingeigelt hatte, holte mich meine beste Freundin aus meiner Lethargie – und wir beschlossen, für eine Woche nach Tunesien zu fliegen. Sehr wahrscheinlich mit einem nachgemachten Schlüssel brach W.K. während meiner Abwesenheit in mein Haus ein und fand sicher Unterlagen vom Urlaubshotel. Er rief von meinem Festnetz bei der tunesischen Hotelrezeption – auch nachts – zigtausendmal an, die stellten durch, ich verbat es, sie sagten, sie seien verpflichtet durchzustellen oder Telefonate anzunehmen. Am Ende hatte ich eine Telefonrechnung von über 800,- Euro, die ich zahlen musste!

Irgendwann danach landete ich nochmals im Frauenschutzhaus Merseburg. Dort sagte man mir, ich nicke ständig unkontrolliert mit dem Kopf, wie ein Täubchen. Ich selbst merkte und merke dies nicht. Anderen war und ist es peinlich, mich darauf aufmerksam zu machen, aber später, am 2.12.2011, wurde dies auch vom Notarzt als Trauma-Kopf-Tremor diagnostiziert. In der Neurologie in Gera stellte es sich ebenfalls als traumatisch-bedingter Kopf-Tremor heraus, welcher mit Botox-Injektionen in den Nacken behandelt wurde, leider ohne Erfolg.

In der Zeit von 2008 bis 2011 zeigte ich W.K. mehrfach wegen Körperverletzung, Hausfriedensbruch, Nötigung und Vergewaltigung an – es passierte: NICHTS! „Wir können nichts machen, wenn nichts Schlimmes passiert", war die Reaktion der Polizeibeamten. An einem Sonntag im November 2011 konnte ich mich nach einem 12-Stunden-Nachtdienst gerade noch in mein Auto retten, weil ich von W.K. attackiert, an den Haaren gezogen, geschlagen, getreten und angeschrien wurde. Froh, dass ich noch am Leben war und glücklich wegen der gelungenen Flucht kam ich barfuß und im Schlaf-Shorty auf der Polizeiwache in M. an. Die mürrische und genervte Reaktion des Beamten: „Können Sie Ihre Familienzwistigkeiten nicht in der Woche austragen?!"

Am 02. Dezember 2011 kam es zur Eskalation: Ich hatte mich für den anstehenden Nachtdienst zurechtgemacht, W.K. fand einen Wasserkocher in meinem Schwesternkorb, er schmiss damit jähzornig um sich, holte aus, schlug mich mit der flachen Hand ins Gesicht, stieß mich hin und her, würgte mich, schlug mit der Bodenlukenstange auf mich ein, stieß mir mit dieser zwischen meine Beine, verdrehte mir die Arme zur „Brennnessel". Er schien extra ein „Massagegerät" „vorbereitet" zu haben und ging mit brutaler Gewalt damit gegen mich vor … Danach sagte er mit süffisant-ekliger Stimme total hämisch-frech: „Auf dem haben sich sämtliche jugoslawische Bauhelfer ausgelassen" (Er benutzte einen dermaßen abartigen Ausdruck …) Somit hatte ich unverschuldet fremde DNA in mir! Mir wurde jedoch NIE die Möglichkeit gegeben, mich dazu zu äußern, aber das interessierte niemanden! Vor Gericht zählte nur der perverse nackte Laborbericht! Ich selbst hatte keine Ambitionen, mich mit Männern zu treffen, erstens war ich viel zu traurig nach dem Tod meiner Mutter, zweitens war ich viel zu reserviert Männern gegenüber! Danach stieß er mir noch ein verrostetes, aber scharfes Bajonett, welches er angeblich auf dem Scheunenboden meines Bauerngehöfts gefunden hätte, mehrmals in meinen Rücken. Ich war voller Adrenalin und konnte durchs Fenster in mein Auto flüchten. Zum Glück hatte ich den Autoschlüssel und mein Smartphone in der Jackentasche! Ich rief die Polizei, die auch recht schnell eintraf. Während ich mit meiner Kollegin telefonierte, welche ich an diesem Abend ablösen sollte, und ich ihr sagte, dass ich etwas später käme, nahm mir der Polizist schon das Handy aus der Hand und sagte: „Die kommt vorerst gar nicht mehr!" Kaum saß ich noch blutüberströmt in meinem Auto, schon sah ich mich im Merseburger Klinikum wieder. Irgendwie muss ich bewusstlos gewesen sein … Ich glaube, in der Gynäkologie liefen Untersuchungen ab, aber kaum, als ich dies registrieren konnte, wurde ich in die geschlossene Psychiatrie nach Q. verbracht. Ist es nicht der blanke Wahnsinn:

ICH BIN IN THERAPIE, UM ZU LERNEN, WIE ICH MIT MENSCHEN UMGEHEN KANN, DIE EINE THERAPIE BRÄUCHTEN.

Hier in der Psychiatrie wurden auf mein Drängen hin Fotos von meinem geschundenen blau-gelb-grün-roten Körper gemacht. Diese Aufnahmen habe ich trotz mehrfacher Bitten und Aufforderungen weder von der Staatsanwaltschaft Halle noch von sämtlichen Anwälten, die ich in Bewegung setzte, NIE erhalten bzw. zu sehen bekommen. So waren mal wieder Beweise verschwunden …

Von Mitte Februar bis April 2012 war ich in der psychiatrischen Reha in Potsdam, Neufahrland, anschließend IRENA (Intensiv-Reha-Nachsorge) in Halle und stufenweise Wiedereingliederung in meinen Beruf der 1:1-Intensivpflege. Alles lief gut, ich hatte mein schlimmstes Trauma überwunden (So dachte ich, es sollte alles anders kommen!).

Endlich wurde Anklage gegen W.K. erhoben – und mir war klar: Jetzt endlich bekommt er seine gerechte Strafe und ich meine Opferentschädigung, immerhin hatte meine damalige Anwältin B. einen Antrag auf ein Adhäsionsverfahren gestellt.

Wie schon erwähnt, alles lief gut – bis zum 29. November 2012, dem 1. Verhandlungstag im Gerichtsverfahren gegen W.K. Es war eine Farce! Der ganze Verhandlungstag war eine eklatante Frechheit, Unverschämtheit und Respektlosigkeit mir gegenüber! Mir wurde von der Richterin M. vom Landgericht Halle in einem unangemessenen Ton vorgeworfen: „Sie müssen doch wissen, in welcher Hand er die Bodenlukenstange hatte und mit welcher Hand er die ‚Brennnessel' machte!" Ich hatte hier das Gefühl, ich sollte mich verheddern, damit ich unglaubhaft wirke und so dem „ärmsten" Täter nichts nachgewiesen werden kann. Ich bekam immer wieder das schlimme Gefühl, mich erklären und entschuldigen zu müssen, ich könnte ja alles erfunden haben. Das erinnert an die Inquisition im Mittelalter: Konnte eine Hexe nicht beweisen, keine Hexe zu sein, landete sie auf dem Scheiterhaufen. Ich fühlte mich wie eine in die Ecke gedrängte Hexe in der Beweispflicht!

In der gleichen Verhandlung schnüffelte Richterin M. an jedem Anwesenden: „Irgendjemand riecht hier nach Alkohol!" Bei W.K. blieb sie stehen. Die Verhandlung wurde unterbrochen. Von meiner Anwältin erfuhr ich, dass W.K. gepflegt Alkohol verabreicht bekam, damit der Ärmste seinen Alkoholspiegel hält und nicht etwa auf dem Schreibtisch zusammensackt. Kein Wort der Entschuldigung, dass dies alles zu Lasten der Anwesenden geht! Ich konnte nicht fassen, was hier abgeht! Der Pflichtverteidiger und Anwalt K. wahrte sämtliche Interessen gegenüber seinem Mandanten – dem Gewalttäter W.K., er verhätschelte und verteidigte ihn ständig. Für mich forderte sein Anwalt ein psychiatrisches Gutachten ein! Wie perfide und boshaft! Kann der Anwalt da noch reinen Gewissens durchs Leben gehen!? Nur damit er um jeden Preis einen Sieg davontragen kann, zertrampelt er die Gegenseite – einen Menschen! Mich! Es gibt meines Erachtens und nach meiner Erfahrung ganz furchtbare Möchtegern-Rechtssprecher! In der Verhandlungspause verriet mir W.K., dass es mit seinem Verteidiger eine Absprache gab, zumindest eine kleine Körperverletzung zuzugeben, damit er sympathisch und glaubhaft rüberkomme. Sie einigten sich darauf, die Tatsache der Vergewaltigungen und der Bajonettattacke zu verschweigen, da dies ein höheres Strafmaß bringen würde. Ich war so in Schockstarre und handlungsunfähig! Nirgendwo anders wird so viel gelogen wie vor Gericht!

Meine Anwältin sah stundenlang schweigend zu, wie hilflos und überfordert ich mit der ganzen Situation war, wie systematisch ich „abgewatscht" und zum Opfer getrampelt wurde. Sie hat mich während der ständigen, zermürbenden Fragen von allen Seiten kein einziges Mal unterstützt, obwohl ich unübersehbar kurz vor dem Zusammenbruch stand. Stundenlange, bösartige, knallharte Vernehmungen, immer im Kreuzfeuer stehend – das macht etwas Traumatisches mit einem!

Vor Beginn dieser Verhandlung wurde mein Bekannter und Chauffeur dreimal genötigt, doch bitte nicht draußen im

Gang zu warten, er könne mit reinkommen, es sei doch eine ÖFFENTLICHE VERHANDLUNG! Er wollte auf keinen Fall, er hat sich was zu lesen mitgebracht – aber nein – er wurde gezwungen. Aus Respekt mir gegenüber wollte er nicht mit in den Verhandlungssaal. Es war mir extrem peinlich, da intime Details ausgeschlachtet wurden. Unsere Freundschaft ging deshalb auch kurze Zeit später in die Brüche. Im Übrigen war er der einzige Gast im Verhandlungssaal, keine Presse wie angekündigt, keine anderen Zuschauer des Schmierentheaters! Für mich war es eine demütigende Bloßstellung, für ihn blankes Fremdschämen! Wir haben seitdem keinen Kontakt mehr. Hallo, ihr Gelehrten vom Gerichtswesen – hier muss unbedingt in der Zukunft etwas Gravierendes passieren! Öffentliche und nicht öffentliche Verhandlungen sollten bitte vorher genauestens geprüft werden, wie bestimmte Situationen zum Schutz der „Opfer" gehandhabt werden sollten!

Der zweite Verhandlungstag muss auch für meine beste Freundin, die als Zeugin geladen war, die Hölle gewesen sein. Ich kenne sie als gestandene, taffe Frau, die nichts erschüttern kann. Sie erzählte mir ganz aufgelöst, wie sie von der Richterin M. angeschrien wurde: „Sie müssen doch wissen, wann Sie wohin mit Frau Hesse in den Urlaub gefahren sind!" Meine Freundin hatte in der Aufregung Datum und Tunesien-/Ägypten-Urlaub verwechselt. Sie hatte nach den Vernehmungen einen Nerven- und Kreislaufzusammenbruch. Zum Glück hatte sie eine Fahrerin und Begleiterin an ihrer Seite. Unsere langjährige Freundschaft hat seitdem einen Knacks bekommen. Nie mehr würde sie unter solchen Bedingungen als Zeugin aussagen wollen! Wie die anderen Verhandlungen verlaufen sind – keine Ahnung, es muss aber chaotisch verlaufen sein, meiner Ansicht nach. Wichtige Zeugen, die ich vorher benannt habe, waren nicht geladen und wurden wahrscheinlich nicht vernommen, Zeugen, die ich nie benannt hatte, tauchten plötzlich auf …

Zwischendrin, irgendwann Anfang Dezember während der vier Verhandlungstage, rief mich meine damalige Rechtsanwältin B.

an, dass es nicht gut für mich aussehen würde. Anfang Februar 2013 kam das vernichtende Urteil per Post: „NEUNZIG TAGESSÄTZE À ZEHN EURO" !!! – fürs Gericht – nicht für mich natürlich! Sämtliche Kosten übernimmt die Staatskasse/Landeskasse, keine Auflagen in Richtung Alkoholentzug, Gewaltbeherrschungstraining, Meldepflicht bei der Polizei, Wegzugsverbot – nichts dergleichen! Ich fühlte mich sehr fallen- und alleingelassen. Auch kein Wort zum Adhäsionsverfahren! Dieses hätte mich als Opfer etwas entschädigen können, aber meine Anwältin hat den Antrag einfach zurückgezogen, weil die Staatsanwaltschaft Halle meiner Anwältin suggeriert hatte, dass es zu KEINER Verurteilung W.K.'s käme. Nun gab es doch ein Urteil, egal wie mild und schreiend ungerecht, aber der Täter wurde verurteilt. Das Adhäsionsverfahren war zurückgezogen und für alle Beteiligten, einschließlich meiner Anwältin war der ganze Fall Kollros/Hesse erledigt und abgeschlossen. Für mich nicht! Ich bat meine Anwältin, in Berufung zu gehen, aber ich glaube, die hatte keine Lust, oder so ein Verfahren ist von vornherein zum Scheitern verurteilt, ich weiß es nicht und war, bin und bleibe fassungslos …

Ich war erst einmal circa ein Jahr in Schockstarre, hatte dann zwei Anwälte kontaktiert, die sich meinem Problem widmen wollten. Nach Einsicht der Aktenlage ließen sie mich jedoch „im Regen stehen" – mit der Begründung: „Alles verjährt!" Dies wollte und konnte ich nicht auf mir sitzen lassen!

In Rechtsanwältin Frau Dr. W. fand ich dann einen Rechtsbeistand, der alles nochmals aufrollen wollte. Ich setzte große Hoffnungen und viel Vertrauen in die Rechtsanwältin W., erhoffte mir viel Kompetenz, Biss und Empathie, doch es sollte leider anders kommen … An diesem ungleichen Kampf gegen Windmühlen bin ich zerbrochen und richtig krank geworden.

Rechtsanwältin W. schrieb dem W.K. einen Brief mit der Bitte um Zahlung von Schmerzensgeld und Schadenersatz aufgrund

Landgericht Halle
13. große Strafkammer

Staatsanwaltschaft Halle

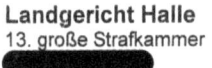

IM NAMEN DES VOLKES

URTEIL

In dem Strafverfahren

g e g e n **Werner Eduard Kollros,**
geboren am 1. Juni 1964 in Bad Sooden-Allendorf,

w e g e n Körperverletzung u.a.

hat die 13. große Strafkammer des Landgerichts Halle nach vier Hauptverhand-
lungstagen, welche vom 29. November 2012 bis zum 8. Januar 2013 stattfan-
den, in dem Hauptverhandlungstermin am 8. Januar 2013

an dem teilgenommen haben:

Vorsitzende Richterin am Landgericht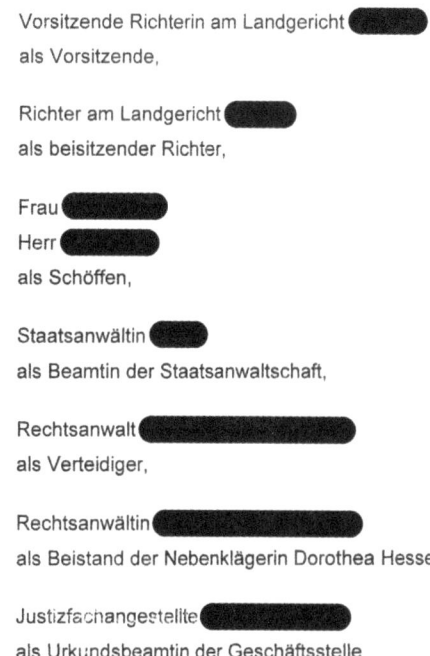
als Vorsitzende,

Richter am Landgericht
als beisitzender Richter,

Frau
Herr
als Schöffen,

Staatsanwältin
als Beamtin der Staatsanwaltschaft,

Rechtsanwalt
als Verteidiger,

Rechtsanwältin
als Beistand der Nebenklägerin Dorothea Hesse,

Justizfachangestellte
als Urkundsbeamtin der Geschäftsstelle

für Recht erkannt:

Der Angeklagte wird wegen Körperverletzung zur

Geldstrafe von 90 Tagessätzen

verurteilt. Die Höhe eines Tagessatzes wird auf 10,00 Euro festgesetzt.

Im Übrigen wird der Angeklagte freigesprochen.

Die Landeskasse trägt die Kosten des Verfahrens und die notwendigen Auslagen des Angeklagten zu vier Fünftel. Die weiteren Kosten des Verfahrens, seine weiteren Auslagen sowie ein Fünftel der notwendigen Auslagen der Nebenklägerin trägt der Angeklagte.

Infolge des körperlichen Übergriffs durch den Angeklagten hatte Dorothea Hesse teilweisen Haarausfall. Sie zog sich Hämatome von etwa 7 x 3,5 cm am linken Oberarm, von rund 4 cm Durchmesser am rechten Unterarm, von etwa 8 x 3 bis 5 cm am rechten Unterarm sowie quer verlaufende Kratzer an den Handgelenken zu. Dorothea Hesse wurde am 2. Dezember 2011 notärztlich versorgt und aufgrund ihres starken psychischen Erregungszustandes noch in derselben Nacht in der Klinik für Psychiatrie und Psychotherapie des Klinikums Merseburg in Querfurt stationär aufgenommen. Am 6. Dezember 2011 ließ sich Dorothea Hesse gegen ärztlichen Rat entlassen. Seit der Tat war sie wegen der Folgen mehrfach arbeitsunfähig erkrankt.

III.

Mit der Anklageschrift vom 25. Juli 2012 hatte die Staatsanwaltschaft Halle dem Angeklagten ferner zur Last gelegt,

1.

eine andere Person körperlich misshandelt oder an der Gesundheit geschädigt zu haben, indem er in der Nacht vom 1. auf den 2. Dezember 2011 Dorothea Hesse in einen Würgegriff genommen, ihr die Haut der Arme verdreht und an den Haaren gezerrt habe,

2.

durch dieselbe Handlung versucht zu haben, eine andere Person mit Gewalt zu nötigen, sexuelle Handlungen an sich zu dulden und körperlich misshandelt oder an der Gesundheit geschädigt zu haben, indem er in den Morgenstunden des 2. Dezember 2011 Dorothea Hesse ergriffen, gewürgt und aufgefordert habe, an ihm Oralverkehr zu vollziehen und

3.

tateinheitlich zu der oben festgestellten Tat (II. 3) eine andere Person mit Gewalt genötigt zu haben, sexuelle Handlungen an sich zu dulden, dabei mit dem Opfer den Beischlaf vollzogen, dabei eine Waffe verwendet und die Körperverletzung mit einem Messer begangen zu haben, indem er Dorothea Hesse mit einem Bajonett in den Rücken gestochen und gedroht habe, sie zu töten, wenn sie nicht mit ihm den Geschlechtsverkehr durchführe.

Diese Tathandlungen konnten dem Angeklagten im Ergebnis der durchgeführten Beweisaufnahme nicht nachgewiesen werden, *so dass er insoweit freizusprechen war.*

IV.

1.

Mit der zu II. 3 festgestellten Tat hat sich der Angeklagte der vorsätzlichen Körperverletzung (§ 223 Abs. 1 StGB) schuldig gemacht.

2.

Hinsichtlich des angeklagten Tatvorwurfs Nummer 3 wurde der Angeklagte wegen Körperverletzung schuldig gesprochen. Da die weiteren Tatvorwürfe hierzu im Verhältnis von Tateinheit stünden (§ 52 Abs. 1 StGB) bedurfte es insoweit keines (Teil-)Freispruchs. Da sich die Kammer hinsichtlich der weiteren angeklagten Taten (Anklagevorwürfe Nummer 1 und 2) nicht die für eine Verurteilung erforderliche Überzeugung verschaffen konnte, war der Angeklagte insoweit aus tatsächlichen Gründen freizusprechen.

V.

1.

Zur Bemessung der Strafe für zu II. 3 festgestellte Tat hat die Kammer den Strafrahmen des § 223 Abs. 1 StGB zugrunde gelegt und diesen gemäß §§ 21 Abs. 2, 49 Abs. 1 StGB gemildert.

Unter Berücksichtigung der für und wider den Angeklagten streitenden Umstände in der Tat und seiner Person erachtet die Kammer eine Geldstrafe von

90 Tagessätzen

für tat- und schuldangemessen.

Die Höhe eines Tagessatzes hat die Kammer anhand der persönlichen und wirtschaftlichen Situation des Angeklagten festgesetzt.

2.

Trotz des manifesten jahrelangen Alkoholmissbrauchs durch den Angeklagten und den vorangegangenen massiven Alkoholgenuss als tatauslösender Faktor liegen die gesetzlichen Voraussetzungen für seine Unterbringung in einer Entziehungsanstalt nicht vor. Der Angeklagte ist außerhalb der inzwischen beendeten Beziehung zu Dorothea Hesse unter Alkoholeinfluss bislang nicht mit erheblichen Straftaten in Erscheinung getreten, sodass keine Gefahr weiterer erheblicher rechtswidriger Straftaten im Sinne des § 64 StGB besteht.

VI.

Die Entscheidung über die Kosten des Verfahren, die notwendigen Auslagen des Angeklagten und die notwendigen Auslagen der Nebenklägerin folgt aus §§ 464d, 465 Abs. 1, 467 Abs. 1, 472 Abs. 1 StPO.

nachgewiesener körperlicher und seelischer Straftaten, wie aus der Urteilsbegründung hervorgeht. Er schrieb zurück: „ Betrifft ihr (! Kleingeschrieben -Anmerkung von mir) schreiben (auch kleingeschrieben!) vom […]Erstens möchte ich vom(!) ihrer Mandantin weder etwas wissen noch sonstwie belästigt werden. Ich will einfach meine RUHE […] wenn sie möchte soll sie mich verklagen. Außerdem fassen sie mal einem kranken, nackten Mann in die Tasche.“ […]. – Wie jämmerlich niveaulos, wie eklig respektlos! Oh Herr, lass Hirn regnen und nimm den Bedürftigen die Regenschirme weg! An dem Tag, an dem der Herr tatsächlich mal Hirn vom Himmel schmeißt, werden wir alle staunen, wie gelenkig die Doofen beim Wegducken sind …

Tja, da hat die Rechtsanwältin W. mit ihrer Wortwahl allerdings zu meinen Ungunsten danebengegriffen, denn ihr Schreiben blieb schließlich nicht unbeantwortet. Immerhin kam von W.K. dieser armselige, dreiste Wisch …

Ja, warum eigentlich konnte keine außergerichtliche Klärung herbeigeführt werden?! An mir lag es nicht! Ich hätte mir diese Variante gewünscht!

Fragen über Fragen …

Ich sehe heute noch sein süffisantes, erbärmliches, überhebliches Grinsen während der Gerichtsverhandlung vor mir. Das Thema Abspeisung mit 5000,- Euro hatte sich somit auch erledigt! Ich verstehe nicht, dass da nicht hartnäckiger in Form von monatlicher Ratenzahlung vorgegangen wird. Aber ich muss nicht alles verstehen, manchmal verstehe ich die ganze Welt nicht mehr …

Der Straftäter W.K. setzte sich natürlich ganz schnell ins Ausland ab, ist seit 2014 in Linz/Österreich verheiratet und trieb oder treibt dort vielleicht (meine Befürchtung und meine Ängste um unwissende, unschuldige potentielle Opfer) ähnliche Verbrechen und Vergehen. Warum sollte sich da plötzlich irgendetwas ändern, schließlich ist er nicht vorbestraft und hat doch NIEMANDEM auch nur irgendwelches Leid zugefügt … Ich könnte jetzt lachen, wenn es nicht so traurig wäre … Wurde denn niemals seine Vergangenheit recherchiert und in Betracht gezogen?! Zählen alle seine vorherigen Straftaten, seine gewaltsame und alkoholträchtige Vergangenheit nicht?! Bei der StA (Staatsanwaltschaft) Halle liegen u.a: mehrere Verfahren mit Aktenzeichen gegen den Beschuldigten zum Nachteil der Geschädigten (also ich) vor, was ich erst viel später erfuhr … Ich hatte den Eindruck, dass ich vor Gericht wie ein Schwerverbrecher behandelt wurde, der lügt und übertreibt. Aber ich habe leider das Gefühl, dass hier Täterschutz vor Opferschutz gestellt wurde, dass die Faszination für Schwerverbrecher, Mörder, Attentäter und Gewalttäter einfach präsenter ist als für „dümmliche, eingeschüchterte Opfer, die doch selbst schuld sind an ihrer Situation" …

Da bei W.K. angeblich nichts zu holen war, stellte meine Anwältin einen Antrag auf Opferentschädigung beim Landessozialgericht in Halle. Dies wurde ganz schnell abgelehnt, ein Widerspruch auf den anderen erfolgte. Eine Ablehnung nach der anderen flatterte ins Haus. Eine andere Kammer des Sozialgerichts Halle hat sich meinem Problem angenommen – und ich schöpfte wieder Hoffnung! Es wurde aber wieder alles abgeschmettert und so fiel ich erneut in ein tiefes Loch. Ich begab mich 2015 in eine psychiatrische Tagesklinik. Dort wurde mir von einer Sozialarbeiterin in puncto Rentenantrag sehr geholfen, da ich unter diesem enormen Stress- und Mobbingbedingungen meinen anspruchs- und verantwortungsvollen Beruf nicht mehr ausüben konnte. Ich wurde von einem Pflegeteam ins andere geschickt, hörte zum Beispiel ein Telefonat einer Kollegin mit der Pflegedienstleitung mit: „Jetzt haben Sie uns eine neue Kollegin ins Team geholt, wie sollen wir da auf unsere Stunden kommen!?", also flog ich wieder raus. Als ich mich im nächsten Team wohl fühlte, wollte ich nicht mehr verkürzt arbeiten, sondern wieder volle Stundenzahl. Die Reaktion meiner Teamkollegen in HHM: „Du nimmst uns die Stunden weg, wir schaffen

SACHSEN-ANHALT

LANDESVERWALTUNGSAMT

Landesversorgungsamt

Landesverwaltungsamt · 06086 Halle (Saale)

Sozialgericht Halle
Justizzentrum
Thüringer Straße 16
06112 Halle

Sprechzeiten:
(telefonisch bzw. persönlich)
Mo, Di, Do   9.00 – 12.00 Uhr
Di, Do   13.00 – 15.30 Uhr

Halle, 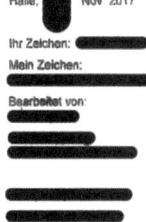 Nov 2017

Ihr Zeichen:

Mein Zeichen:

Bearbeitet von:

In dem Rechtsstreit

Dorothea Swikie ./. Land Sachsen-Anhalt

halte ich nach Auswertung der mit Verfügung vom 13. 11. 2017 übersandten
Befundunterlagen durch den versorgungsärztlichen Dienst (Stellungnahme
anliegend) an der beantragten Klageabweisung fest.

Zur Begründung mache ich mir die versorgungsärztlichen Ausführungen zu
eigen.

Dienstgebäude:
Maxim-Gorki-Straße 7
06114 Halle (Saale)

Tel : (0345) 514-0
Fax: (0345) 514-3165
Postgs@lvwa.sachsen-anhalt.de

Im Auftrag

Hauptsitz:
Ernst-Kamieth-Straße 2
06112 Halle (Saale)

Tel : (0345) 514-0
Fax: (0345) 514-1444
Poststelle@
lvwa.sachsen-anhalt.de

Internet:
www.landesverwaltungsamt.
sachsen-anhalt.de

E-Mail-Adresse nur für
formlose Mitteilungen
ohne elektronische Signatur

Anlagen:
2 Mehrdrucke nebst vä. Stellungnahme vom 28.11.2017

LHK Sachsen-Anhalt
Deutsche Bundesbank
Filiale Magdeburg
BLZ   810 000 00
Konto   810 015 00
BIC   MARKDEF1810
IBAN DE21810000000081001500

Stellungnahme in der Versorgungsangelegenheit nach dem OEG (Klage)

AST: ████████████████████████████████████

GZ: ███████████████

Bezug: Aktenverfügung der Verwaltung vom 15.11.2017 / 609.3.1

Frau S. beantragte erstmals 04/2015 die Gewährung von Versorgungsleistungen nach dem OEG und machte geltend, von 2006 bis 12/2011 (also vom 46./47. Lebensjahr bis zum 52. Lebensjahr) durch ihren damaligen Lebensgefährten Werner K. verletzt, gequält, bedroht, bestohlen, erpreßt und vergewaltigt worden zu sein. Die Situation eskalierte im Dezember 2011, was Frau S. endlich zu einer Strafanzeige veranlaßte; zuvor hatte es aber bereits zahlreiche Polizei-Einsätze gegeben, um Streitigkeiten zwischen Frau S. und Herrn K. zu deeskalieren. 01/2013 wurde Herr K. zur Zahlung einer Geldstrafe in Höhe von 900,- Euro verurteilt.

Mit der Aktenverfügung von 09/2015 wurde verwaltungsseitig festgelegt, dass Frau S. wegen der abhängigen Persönlichkeitsakzentuierung ein grob fahrlässiges oder bewußt leichtfertiges Verhalten <u>nicht</u> vorzuwerfen und damit ein Anspruch auf Versorgungsleistungen ab 04/2015 zu prüfen sei. Nach Beizug umfangreicher Befundunterlagen konnte mit den Stellungnahmen von 11/2015 und 11/2016 (Dr. ██████) eine **Anerkennung von Schädigungsfolgen <u>nicht</u> empfohlen** werden – dies führte zur Ablehnung des Antrags mit dem Bescheid von 12/2015 und dem Widerspruchsbescheid von 02/2017. Mit der <u>Klage</u> von 03/2017 wird Beschädigten-Versorgung nach dem OEG verfolgt.

das ohne dich!", also flog ich wieder raus. Im nächsten Pflegeteam hatte ich ein zwölfjähriges Kind zu betreuen, welchem dessen Vater ein „Pflegebett" aus Paletten gebaut hatte. Für mich war es sehr hoch, da nicht höhenverstellbar – aber machbar. Der Vater stand daneben und sagte zu mir: „Ich hätte nicht gedacht, dass Sie bei Ihrer kleinen Größe mein Kind so gut lagern können, ich dachte, Sie fallen um." Irgendwann tat dies mein entkräfteter Körper dann auch, nachdem ich die Patientin zwanzig Treppenstufen nach oben zum Baden und wieder runter ins Bett tragen durfte …

Nach so vielen Rückschlägen konnte ich in keinem Pflegeteam mehr Fuß fassen, wurde öfter krank und bat meinen Arbeitgeber, nur noch 2–3 Stunden pro Tag zu arbeiten. Da dies in einer 24-Stunden-Pflege wohl nicht möglich wäre, wurde ich berentet. Als mir durch meinen Arbeitgeber gekündigt wurde, klagte ich auf eine Abfindung, welche abgelehnt wurde – mit den Worten: „Wir waren mit Ihrer geleisteten Arbeit sehr zufrieden, aber eine Abfindung steht Ihnen nicht zu." Es sei eine „KANN-Bestimmung" und der Arbeitgeber war Jurist.

Erneut ein kleiner Hoffnungsschimmer nach Jahren verzweifelten Kampfes: Es erfolgt eine Vorabbesprechung mit Richterin H. vom Sozialgericht H., meiner Anwältin und mir sowie mit der Gegenseite zwei Herren vom Land Sachsen-Anhalt/Landesversorgungsamt im Landesverwaltungsamt H. Mir wurden dabei Hoffnungen gemacht, dass es endlich auf eine Opferanerkennung/Entschädigung hinausläuft, mit der Auflage, einen Gutachter zu konsultieren. Im Oktober 2019 wurde mir ein psychiatrischer Gutachter aus K. zugewiesen. Die Stunden dort empfand ich als Höllenqualen. Ich sollte alles erzählen, was mir zum Teil sehr schwerfiel – aber immer, wenn ich im Redefluss war, sagte er: „STOPP, nicht so schnell!" Denn der feine Herr musste ja mit Füllfederhalter schreiben – gaaaaaaaanz laaaaaangsam, sodass ich immer wieder den Faden verlor. Da sollte man doch mal überlegen, ob man nicht besser mit Aufnahmegerät arbeiten könnte! So kam es, dass ein zweiter Termin eine Woche später nochmals angesetzt werden musste. Selber konnte ich wegen der enormen nervlichen Belastung diese weite, unbekannte Strecke nicht fahren – weder per Bahn noch per Auto. Letztendlich nahm mein lieber Mann Urlaub, diese Verdienstausfälle wurden trotz langem Kampf und Einreichung sämtlicher Unterlagen nicht erstattet. Hier müsste sich dringend in Zukunft etwas ändern! Eine erneute nervliche Belastung für mich als „Opfer"!

Dieser „Möchtegern-Gutachter" oder sollte ich eher sagen „Schlecht-achter" schrieb unter anderem in seinem 82-seitigen Pamphlet, dass meine psychische Krankheit bis zum 02.06.2012 (also ein halbes Jahr nach der Bajonett-Attacke) nachvollzogen werden kann, ab 03.06.2012 – zack, mit einem Fingerschnips – sollte ich doch bitte über Nacht kerngesund gewesen sein. Natürlich hatte ich mich nach der psychiatrischen Reha in Potsdam-Neufahrland Anfang 2012 wieder gestärkter gefühlt und etwas erholt, ich war ja auf dem besten Weg zur Wiedereingliederung in meine geliebte, anspruchsvolle Arbeit! Jedoch die chaotischen, toxischen Gerichtsverhandlungen vom 29.11.2012 bis Januar 2013 und das für mich nicht nachvollziehbare Urteil vom Februar 2013 haben mir endgültig den Boden unter den Füßen weggezogen, mich gelähmt und sehr krank gemacht. Was sind das für Aussagen von einem Gutachter, der mich als Mensch vernichtet, noch nachtritt, wenn ich schon am Boden liege. Solch einen respektlosen, unempathischen „Gutachter" sollte man genauer unter die Lupe nehmen, und wenn es sein sollte, nicht mehr in dieser Branche arbeiten lassen – ist meine Meinung … Oder gibt es da etwa Absprachen mit dem Gericht? Natürlich stützt sich das Gericht auf ein Gutachten, denn solche seltsamen Aussagen wie: „Nach einem halben Jahr des Geschehens kann die Krankheit nicht mehr nachvollzogen werden", kommen der Gegenseite und dem Richtergremium doch sehr gelegen, unter diesen Umständen das „dumme Gewaltopfer Dorothea H.Swikle" nicht entschädigen zu müssen. Dies ist keine Beleidigung, sondern eine Tatsache, also der Eindruck, der für mich entstanden ist.

Etwa in den Jahren 2017/18 habe ich durch einen Zufall den Flyer vom Sozialen Dienst der Justiz Halle entdeckt. Warum hat mich niemand jemals darauf hingewiesen, dass es so etwas gibt. Ich kannte das nicht, weil ich mich vorher nie damit beschäftigen musste. Aber der Gang dorthin war wertvoll für mein „Überleben". Frau O. hat mir mit ihren aufmunternden Gesprächen und ihrer respektvollen, empathischen Art mental den Rücken gestärkt. Vielen lieben Dank Frau O., Ihnen alles erdenklich Gute! Auch Herr B. vom Weißen Ring Burgenlandkreis stand mir mit Rat und Tat zur Seite. In ihm hatte ich einen empathischen Zuhörer und Unterstützer. Aber auch ihn habe ich viel zu spät kontaktiert, da ich ebenfalls nicht wusste, dass der BLK diese wertvolle Anlaufstelle mit solch kompetenten Menschen bietet. Auch Ihnen alles erdenklich Gute, Herr B.! Beide – Fr. O. und Herr B. – erklärten sich bereit, zur anstehenden Gerichtsverhandlung an meiner Seite zu sein. Die Verhandlung wurde aber leider von April 2020 auf Juli 2020 verschoben. Zur Gerichtsverhandlung im Juli erklärten sich beide wieder bereit, mich zu begleiten. Zwei Tage vor der angesetzten Verhandlung: Die Absage ohne Begründung! Mein persönliches Erscheinen war plötzlich nicht mehr erforderlich, wobei vorher persönliches Erscheinen bei Nichtbeachtung unter mehreren Euro Strafe stand. Kann es sein, dass die Gegenseite erfuhr, wer mich begleiten und mich mental unterstützen wollte? Verschiedene Gedanken kreisen in meinem Kopf und verursachen Schwindel, Kopfschmerzen, schlechte Laune und Übelkeit!

Als ich mir im August 2020 erlaubte, bei meiner Anwältin nachzufragen, ob es denn eventuell schon ein Urteil gäbe und ich ihr mitteilte, dass mir diese plötzliche, kurzfristige Ausladung zu schaffen machte, bekam ich folgende E-Mail: „In der vorbezeichneten Angelegenheit wird einfach nur noch die Entscheidung abgewartet. Andere Möglichkeiten stehen erst einmal nicht zur Verfügung, ggf. kann noch ins Rechtsmittel gegangen werden. Ich weise darauf hin, dass wir hier lediglich für die Prozessführung beauftragt sind. Persönliche Befindlichkeiten des

Mandanten oder sonstige Probleme können bei unserer Arbeit nicht auch noch berücksichtigt werden. Dafür sind wir weder ausgebildet noch besteht hierfür ein zeitlicher Rahmen. Diesbezüglich entstehende Mehrkosten werden zudem von der Staatskasse nicht erstattet. Sie haben lediglich Prozesskostenhilfe, Frau S., da sind keine Extraleistungen vorgesehen. Ich frage mich hier wirklich, was hier alles erwartet wird dafür, dass die Staatskasse nur das Minimum an Kosten übernimmt. Mit freundlichen Grüßen Dipl. Jur. W. Rechtsanwalt"

Hallo, geht's noch? Darf ich mich als Mandant nicht nach dem aktuellen Stand erkundigen, zumal ich bereits enorme Zahlungen an die Rechtsanwalts-Kanzlei geleistet habe?

Als ich diese E-Mail bekam, fragte ich mich auch so einiges …

Kurz darauf fiel mir unweigerlich dieser Spruch ein:

Achte auf deine Gefühle, denn sie werden zu Gedanken.
Achte auf deine Gedanken, denn sie werden zu Worten.
Achte auf deine Worte, denn sie werden zu Handlungen.
Achte auf deine Handlungen, denn sie werden zu Gewohnheiten.
Achte auf deine Gewohnheiten, denn sie werden dein Charakter.
Achte auf deinen Charakter, denn er wird dein Schicksal.
(aus dem Talmud)

Ach, und überhaupt: Was heißt hier – „Sie haben lediglich Prozesskostenhilfe"? Diese wurde doch mit fadenscheinigen Begründungen abgelehnt!

Sozialgericht Halle

Aktenzeichen

BESCHLUSS

In dem Rechtsstreit

Prozessbevollm.: Rechtsanwälte

– Klägerin –

gegen

Land Sachsen-Anhalt, vertr. d. d. Landesversorgungsamt, im Landesverwaltungsamt, Maxim-Gorki-Straße 7, 06114 Halle

– Beklagter –

hat die 9. Kammer des Sozialgerichts Halle ohne mündliche Verhandlung am 21. Dezember 2020 durch die Vorsitzende, die Richterin am Sozialgericht ████ beschlossen:

Der Antrag der Klägerin auf Bewilligung von Prozesskostenhilfe wird abgelehnt.

Im Dezember 2020 kam die Klageabweisung vom Sozialgericht H. als rechtskräftiges Urteil rückwirkend vom 8.Juli 2020.

Sozialgericht Halle

███████████

Aktenzeichen

Im Namen des Volkes

URTEIL

In dem Rechtsstreit

███████████████████████████████████████

Prozessbevollm.: Rechtsanwälte ████████████████████████████
███████████████

— Klägerin —

gegen

Land Sachsen-Anhalt, vertr. d. d. Landesversorgungsamt, im Landesverwaltungsamt, Maxim-Gorki-Straße 7, 06114 Halle

— Beklagter —

hat die 9. Kammer des Sozialgerichts Halle auf die mündliche Verhandlung vom 8. Juli 2020 durch die Vorsitzende, die Richterin am Sozialgericht ████ sowie den ehren-amtlichen Richter Herr ████ und die ehrenamtliche Richterin Frau ████ für Recht erkannt:

1. Die Klage wird abgewiesen.

2. Außergerichtliche Kosten werden nicht erstattet.

Diese harten „Faustschläge mitten ins Gesicht", diese ständigen Ablehnungen und der ganze Kampf gegen Institutionen voller Willkür und Übermacht kann und möchte ich nicht mehr bekämpfen. Mit meiner Rechtsanwältin W. hatte ich endlich einen telefonischen Gesprächstermin. Für meine Begriffe klang sie sehr gleichgültig, gelangweilt und unempathisch: „Naa, haben Sie sich das Urteil mal angesehen, was machen wir denn jetzt?" Das war mir zu viel. Ich schrie sie an: „SIE sollten mir sagen, was zu tun ist, SIE sollten mich optimal beraten, ob alles aussichtslos ist oder ob wir in Widerspruch gehen! Von Ihnen habe ich sehr viel mehr Biss erwartet, ich kann nicht mehr, ich kann nicht mehr, ich kann nicht mehr!", und bin zuhause heulend zusammengebrochen. Drei Tage später war ich bei meiner Psychologin, die mich bestärkt hat, dies in einer psychosomatischen Therapie zu verarbeiten. Das Gespräch mit Dr. P. In der Psychosomatischen Klinik Q. war für mich sehr wertvoll. Ich habe mich richtig gut verstanden gefühlt und sah ein Licht am Ende des Tunnels.

Inzwischen hatte ich den Bescheid der Rechtsanwältin W., dass wir Widerspruch gegen die Urteile eingelegt haben. Ich weiß nun nicht, wie viele Monate oder Jahre vergehen werden, um eine Entscheidung vom Sozialgericht zu erhalten. Ich bin sehr zwiegespalten: Wenn ich klein beigebe und die Ablehnung akzeptiere, stehe ich komplett als Verlierer da. Ich möchte eine Opferanerkennung in irgendeiner Form. Das hätten die von der Gegenseite gerne – die Opfer kleinmachen und verlieren lassen! Andererseits hätte ich dann (eventuell) meine Ruhe und könnte mich besser aufs Hier und Jetzt konzentrieren. Eine Garantie für psychische Ausgeglichenheit habe ich dann natürlich auch nicht. Diese psychischen Gewaltspiele sind meiner Ansicht nach eine Masche der Justiz. Das vielgepriesene Opferentschädigungsgesetz steht doch nur auf dem Papier!

Mitte Januar 2021 wurde ich stationär in einer psychosomatischen Klinik aufgenommen, wo mir durch intensive Therapie und Gespräche vieles klarer wurde. Ich habe gelernt, meinen extremen

Hass auf die Justiz und gegen die Behördenwillkür in den Griff zu bekommen. Ich habe weiters gelernt, dass ich durch den jahrelangen verbissenen Kampf gegen Windmühlen viel wertvolle Zeit meines Lebens verschenkt und verloren habe, und dass ich durch das verbissene Kämpfen egoistischer, fordernder, selbstgerechter, verletzter, verletzender und unsympathisch geworden bin. Das wollte ich meinen Mitmenschen niemals antun, aber ich habe es nicht mehr gemerkt! Das wurde mir erst in der Klinik mit deutlichen Worten gesagt, so dass ich schockiert drei Tage und drei Nächte durchgeheult habe und mit der Erkenntnis „aufgewacht" bin: „Oh shit, die haben leider recht!" Ich war geschockt zu sehen, wie negativ ich auf andere wirke. Nach langem Nachdenken und Gesprächen wurde mir klar, wie sich mein vor einigen Jahren recht netter normaler Charakter durch den ständigen Kampf gegen die Justiz grässlich hässlich verändert hatte. Aber ich konnte doch nichts dafür! Ich habe mich mein Leben lang „ganz hinten in der Schlange" angestellt, war recht bescheiden, habe nie etwas eingefordert, habe geschenkt und mein Helfersyndrom ausgelebt, wo ich nur konnte. Jetzt hatte ich einmal diesen Antrag auf Opferentschädigung gestellt, und alles in mir ist zerbrochen – leider auch mein vorher guter Charakter. Liebe Mitmenschen, seht es mir nach, verzeiht mir bitte – ich konnte nicht anders, ich habe es nicht bemerkt!

Meine ständige Traurigkeit hat ja mit Sicherheit etwas mit meinem Körper gemacht – gerade in den stressigen Phasen kam es sicher zu Entzündungen der Schilddrüse, was sich zum Hashimoto entwickelte. Da ich 2011/12 normalgewichtig war, nach diesen stressigen Schock-Traumata mit versuchter Tötung und Kuschelurteil vom Februar 2013 allmählich konstant und heftig an Gewicht zulegte, sah ich einen Zusammenhang und Behandlungsbedarf. Bei zwanzig Kilo Übergewicht litt mein Selbstwertgefühl so stark, sodass ich meinen Opferentschädigungsantrag schon wieder in Frage stellte …

Von Kindheit an, über die Pubertät, Jugend, als Mutter, Ehefrau, Lebenspartnerin und Oma, habe ich meine Wünsche, Erwartungen oder Anerkennungen immer hinten angestellt. Jetzt, wo ich einmal etwas bekommen möchte, nämlich nur die Anerkennung der Tatsache, Opfer eines tätlichen Angriffs gewesen zu sein und der Wunsch/die Forderung, dafür entschädigt zu werden, weist man mich derart schroff ab. Ich habe immer zu vielen Dingen „Ja" gesagt, bin gesprungen, habe verziehen und zurückgesteckt. Ein einziges Mal erwarte ich etwas, was mir meines Erachtens ohne Zweifel zusteht – werde ich als Schwerverbrecher, Narzisst und Psychopath im Regen stehengelassen! Aber es war doch nur ein Überlebenskampf – ich wollte nicht um jeden Preis als Gewinnerin eines justizskandalträchtigen Schmierentheaters hervorgehen!

Ich verstehe oftmals die Welt nicht mehr!

Deshalb habe ich beschlossen, ein Buch zu schreiben – vielleicht wird dann alles leichter …

Ich sollte recht behalten.

Natürlich habe ich längst diesen Widerspruch gegen den Ablehnungsbescheid für eine Opferentschädigung zurückgezogen. Ich habe mich kaputt gekämpft, dabei meine Gesundheit und meine Lebensfreude verloren.

Es fällt mir sehr schwer, das Schreiben vom 11.05.2021 des Landesverwaltungsamtes Soziales Entschädigungsrecht zu akzeptieren und emotionslos hinzunehmen. Es wurden alle meine Anträge abgelehnt – das fällt denen so leicht! Ich empfinde dies als Machtmissbrauch! Was hier aber in all der Zeit mit der Seele eines Menschen – nämlich mit mir – angerichtet wurde, ist den verantwortlichen „Urteilsfällern" überhaupt nicht bewusst! Die lehnen ab – also ist für sie die Welt in Ordnung und es kann zum nächsten Tagesordnungspunkt übergegangen werden. Ich habe die Anwälte und sämtliche Mitarbeiter der Justiz mehrfach gebeten, mir Fotos, Krankenakten und dergleichen bezüglich der Bajonettstiche zukommen zu lassen – NICHTS! Es könnte ja ein Beweis sein,

Landesverwaltungsamt · 08096 Halle (Saale)

Frau

Referat Versorgungsamt
Hauptfürsorgestelle
Soziales Entschädigungsrecht

Sprechzeiten:
(telefonisch bzw. persönlich)
Mo, Di, Do   9.00 – 12.00 Uhr
Di, Do   13.00 – 15.30 Uhr

Ihr Schreiben vom 24.09.2020 i.V.m. ihrem Antrag auf Gewährung von Beschädigtenversorgung nach dem Opferentschädigungsgesetz (OEG) vom 27.04.2015

Halle, den 11.05.2021
Ihr Zeichen:

Mein Zeichen:

Sehr geehrte Frau ████

Bearbeitet von:
Frau Mann

in Ihrem Schreiben vom 24.09.2020, eingegangen am 06.10.2020, beantragen Sie die Gewährung eines Berufsschadensausgleichs nach § 30 des Bundesversorgungsgesetzes (BVG), welcher in Verbindung mit Ihrem Antrag auf Gewährung von Beschädigtenversorgung nach dem Opferentschädigungsgesetz (OEG) vom 27.04.2015 steht.

Eine Beschädigtenversorgung nach dem OEG i.V.m. BVG bezüglich des Antrages vom 27.02.2015 wurde bereits mit dem Bescheid vom 01.12.2015 abgelehnt. Gegen diesen Ablehnungsbescheid legten Sie mit dem Schreiben vom 18.12.2015 Widerspruch ein, welcher mit dem Widerspruchsbescheid vom 27.02.2017 zurückgewiesen wurde. Gegen diesen Widerspruchsbescheid legten Sie am 27.03.2017 Klage beim Sozialgericht Halle ein. Diese Klage wurde mit dem Urteil des Sozialgerichts Halle (Akz. ████████) vom 08.07.2020 abgewiesen. Die von Ihnen am 16.12.2020 eingelegte Berufung wurde zurückgenommen. Somit ist das Urteil des Sozialgerichts Halle (Akz. ████████) vom 08.07.2020 bestandskräftig.

Mit dem Urteil vom 08.07.2020 ist rechtskräftig entschieden worden, dass Sie Opfer eines vorsätzlichen, rechtswidrigen tätlichen Angriffs durch Herrn Kollros geworden sind, jedoch sind die von Ihnen geltend gemachten und vorliegenden Gesundheitsstörungen nicht überwiegend wahrscheinlich auf das anerkannte schädigende Ereignis zurückzuführen. Auf Grund dessen wurde Ihr Anspruch auf Beschädigtenversorgung nach dem OEG in entsprechender Anwendung der Vorschriften des BVG vom 27.04.2015 mit rechtskräftig abgelehnt.

Dienstgebäude:
Maxim-Gorki-Straße 7
06114 Halle (Saale)

Tel.: (0345) 514-0
Fax: (0345) 514-3165
Postgs@lvwa.sachsen-anhalt.de

Hauptsitz:
Ernst-Kamieth-Straße 2
06112 Halle (Saale)

Tel.: (0345) 514-0
Fax: (0345) 514-1444
Poststelle@
lvwa.sachsen-anhalt.de

Internet:
www.landesverwaltungsamt.
sachsen-anhalt.de

E-Mail-Adresse nur für
formlose Mitteilungen
ohne elektronische Signatur

LHK Sachsen-Anhalt
Deutsche Bundesbank
Filiale Magdeburg
BLZ   810 000 00
Konto   810 015 00
BIC MARKDEF1810
IBAN DE2181000000000081001500

Sachsen-Anhalt
#moderndenken

Auf Grund dessen liegen bei Ihnen die Anspruchsvoraussetzungen für die Gewährung von Leistungen nach dem BVG nicht vor.

Bezüglich Ihres Schreibens auf Gewährung eines Berufsschadensausgleichs nach § 30 BVG vom 24.09.2020 kann nicht entsprochen werden, da der BSA eine Leistung nach dem BVG ist.

Ebenso liegen keine neuen Gesichtspunkte vor, die eine Wiederaufnahme eines Antragsverfahrens nach § 44 SGB X und/oder § 48 SGB X 2015 begründen.

Eine Gewährung von Beschädigtenversorgung nach dem OEG in Anwendung der Vorschriften des BVG, wie die Gewährung eines Berufsschadensausgleichs nach § 30 BVG, liegt bei Ihnen auf Grund des bestandskräftigen Urteil des Sozialgerichts vom 08.07.2020 nicht vor.

Mit freundlichen Grüßen
Im Auftrag

dass ich mir sämtliche Wunden nicht selbst zufügen konnte! Klar, dass der Täter diese und die Tatsachen der Vergewaltigungen auf Anraten seines Pflichtverteidigers abstreitet! Dies wäre ja mit einer empfindlichen Strafe geahndet worden. Es wird vor Gericht gelogen, bis sich die Balken biegen – und der Ehrliche ist immer der Dumme! Ich fühle mich dermaßen verhöhnt und respektlos behandelt! – Vom Täter, von den Anwälten, vom Gericht! Die verletzenden Worte und Handlungen der Anwälte, der Justiz, die unhaltbaren nicht nachvollziehbaren Fehlurteile, die Kränkungen und Vorwürfe des psychiatrischen Gutachters haben mich dermaßen krankgemacht, sodass ich meine geliebte und verantwortungsvolle Arbeit verlor. Denen habe ich es zu verdanken, dass ich jetzt mit einer kleinen Erwerbsunfähigkeitsrente auskommen „darf", mir genau überlegen muss, was ich mir leisten kann und worauf ich verzichten sollte. Können die sich eigentlich vorstellen, was ich durchgemacht habe?! Wie ich mit mir gekämpft habe, Anzeigen gegen diesen übermächtigen Straftäter zu erstatten, mir Hilfe im Frauenschutzhaus zu holen, Anwälte zu kontaktieren, vor Gericht auszusagen und so weiter und so fort? Nein! Können die nicht, wollen die auch gar nicht, weil Menschlichkeit und Empathie Fremdwörter für oben genannte Institutionen sind. Das unsensible Geschwafel von „Steht Ihnen nicht zu, haben wir abgelehnt" lässt meine Emotionen immer wieder hochkochen! Der verlogene Appell „Missbrauch melden, kaum bekanntes Opferschutzgesetz in Anspruch nehmen, Polizei einschalten" ist für mich ein „Faustschlag" mitten ins Gesicht. Ich kann meinen Kampf für Gerechtigkeit nicht mehr rückgängig machen, aber hätte ich gewusst, welche Anschuldigungen, Grausamkeiten, Verhöhnungen, Kränkungen und Respektlosigkeiten auf mich zukommen – ich hätte es lassen sollen! Aber: Ich hätte alles ja doch genauso gemacht, wie gehabt. Und weil andere misshandelte Frauen „schlauer" sind als ich und sich keine Hilfe holen, gibt es eine enorme Dunkelziffer an Gewalttaten, an Suiziden, an Morden, an nicht verarbeiteten Traumata – vor allem in puncto häuslicher Gewalt. Wie viele Gewalttäter sind „vor Lachen nicht in den Schlaf gekommen", weil in unserer ach so gerechten Justiz Täterschutz vor Opferschutz gestellt wird.

Es ist himmelschreiend ungerecht, was hier in unserem Rechtsstaat passiert. Da muss dringend etwas getan werden, um Opfer häuslicher Gewalt besser zu schützen und anzuerkennen!

Ich habe erlebt, was es heißt, immer zwischen Hoffen und Bangen ständig „unter Strom" zu stehen, um dann die eiskalte Realität der Justizurteile ertragen zu müssen! Meiner Ansicht nach gibt es eklatante Fehlentwicklungen bei der Strafverfolgung.

Falls es bei der Justiz, bei Richtern, Schöffen, Anwälten und Staatsanwälten sowie bei entsprechend bestellten „Gut"achtern Weiterbildungsbedarf in Sachen Gerechtigkeit gibt – hier einige Lektürevorschläge:

„Schreiend ungerecht: Alltägliche Justizskandale in Deutschland – wie sich das System gegen Unschuldige und Opfer richtet"
von Burkhard Benecken

„Unrecht im Namen des Volkes: Ein Justizirrtum und seine Folgen"
von Sabine Rückert

„Justizirrtum! Deutschland im Spiegel spektakulärer Fehlurteile"
von Jörg Kunkel und Thomas Schuhbauer

„Der Richter und sein Opfer: Wenn die Justiz sich irrt"
von Thomas Darnstädt

„Rechtsstaat am Ende: Ein Oberstaatsanwalt schlägt Alarm"
von Ralph Knispel

„Justiz am Abgrund: Ein Richter klagt an"
von Dr. Patrick Burow

„Wo unsere Justiz versagt: Von Messerstechern, Kinderschändern und Polizistenmördern. Ein Richter deckt auf"
von Thorsten Schleif

„Urteil: ungerecht: Ein Richter deckt auf, warum unsere Justiz versagt"
von Thorsten Schleif

„Endlich richtig entscheiden: Der Richter verrät seine besten Strategien"
von Thorsten Schleif

„Täter und Opfer: Der Rechtsanwalt über Verbrechen, die Leben zerstören"
von Stephan Lucas

Mein Fazit: Sicher gibt es wesentlich schlimmere Schicksale, Katastrophen, Kriege, Unglücke, Vermisstenfälle, usw. – Eltern/Mütter/Väter, die ihr Kind/ihre Kinder zu Grabe tragen müssen, aber letztendlich kämpft doch jeder für sich allein. Jeder Mensch trauert anders und ein anderer eben zerbricht an so einem Fall wie meinem, weil es oftmals nur eines einzigen Tropfens bedarf, der das Fass zum Überlaufen bringt. Und richtig. ihr lieben außenstehenden Besserwisser, die der Meinung sind, mir immer wieder zusetzen zu müssen: „Na lass' es doch mal endlich wieder gut sein – nach so vielen Jahren!" Nein! Ich will es rausschreien, was ich erleben musste und wie ich es empfand. Es erleichtert ungemein, sich alles von der Seele zu schreiben. Und überhaupt, so lange ist das alles auch nicht her; Es geht nämlich gar nicht mehr so sehr um die eigentlichen Gewalttaten vor einigen Jahren, sondern um den respektlosen Umgang mir gegenüber seitens der Richter, Anwälte und Gutachter im Laufe der Jahre danach!

Ich möchte unbedingt erwähnen, dass ich sehr stolz auf mich bin, diesen Kampf so energisch durchgezogen zu haben – und das hat nichts mit Narzissmus zu tun, sondern mit gesundem Egoismus! Viele andere Betroffene wären entweder zum Alkoholiker, Terroristen oder Drogenkonsumenten geworden. Viele Opfer enden, wie schon erwähnt, im Suizid.

Ich dagegen wache jeden Morgen mit einem Kater auf – mit meinem Fellkind Frizzy Onyx von Memleben …

Aber ganz wichtig: Nur Wunden, die man zeigt, können heilen, auch die seelischen Wunden!

Wir fallen hin,
wir brechen,
wir scheitern.
Aber wisst ihr, was danach kommt?
Wir blühen auf.
Wir heilen.
Wir überwinden.

Hier die wichtigsten Telefonnummern
für Hilfesuchende

(Diese Hilfen in Notsituationen sind kostenfrei und 24 Stunden
an 365 Tagen im Jahr erreichbar)

Häusliche Gewalt gegen Frauen: 08000/116 016

Häusliche Gewalt gegen Männer: 0800/123 99 00

Hilfe bei sexualisierter Gewalt: 0800/22 55 530

„Nummer gegen Kummer"
für Kinder und Jugendliche: 116 111

Schwangere in Not: 0800/40 40 020

Telefonseelsorge: 0800/111 0 111 oder 0800/111 0 222

Heimwegtelefon: 030/120 74 182

(Das Heimwegtelefon ist eine Telefon-Hotline, die Anrufenden
mehr Sicherheit auf Strecken, die nachts als bedrohlich empfun-
den werden, vermitteln soll.

Erreichbar: Sonntag bis Donnerstag – 20 bis 0 Uhr
Freitag und Samstag – 20 bis 3 Uhr)

Das kaum bekannte Opferentschädigungsgesetz

Die Leistungen und ihre Gewährung – Praxisprobleme und Novellierungsbedarf
von Iris Borrée, Johannes Friedrich, Barbara Wüsten (Auszug der Zeitschrift „Soziale Sicherheit" 2/2014)

„Seit 1976 gibt es in Deutschland das Opferentschädigungsgesetz (OEG). Es gewährt Opfern von Gewalttaten Anspruch auf Entschädigung für die gesundheitlichen Folgen der Tat. Allerdings zeigen Auswertungen, dass in der Praxis nur ein geringer Teil der Gewaltopfer von den Leistungen des OEG profitiert. Dies wirft die Frage nach den Ursachen auf und zeigt gleichzeitig, dass Reformbedarf besteht […]

Wird eine Person als Opfer einer Gewalttat im Sinne des § 1 OEG anerkannt, so richten sich die Entschädigungsleistungen nach dem BVG (Bundesversorgungsgesetz). Dieses Gesetz trat 1950 in Kraft und diente ursprünglich der Entschädigung und Versorgung der Kriegsopfer für die Folgen von Schäden an Leib und Leben. Das Bundessozialgericht (BSG) hat in jahrzehntelanger Rechtsprechung Voraussetzungen und Umfang der Entschädigungsleistungen nach dem BVG konkretisiert, so dass diesbezüglich weitgehende Rechtssicherheit besteht.

Der Gesetzgeber wollte mit dem OEG ‚soziale Härten vermeiden und ein soziales Absinken der Opfer verhindern'. In der Gesetzesbegründung heißt es: ‚Opfer von Gewaltkriminalität könnten oft von einem Tag auf den anderen ohne jedes Verschulden erwerbsunfähig, hilflos oder pflegebedürftig werden'. Ziel des OEG sei es, solchen Menschen Hilfe zu leisten. Es solle eine vollständige soziale Sicherung hergestellt werden, wenn jemand durch eine Gewalttat Gesundheit und Arbeitskraft verliere […]

Voraussetzung für Entschädigungsleistungen ist, dass die Gewalttat gesundheitliche Folgen für das Opfer hat. Deren Ausmaß wird im Grad der Schädigungsfolgen (GdS) festgestellt. Das BVG gewährt ein Recht auf Heil- und Krankenbehandlung für die gesundheitlichen Folgen der Schädigung. Bei einer Anerkennung nach dem OEG fallen keine Zuzahlungen an, Fahrtkosten zur Therapie werden übernommen […]

Beträgt der GdS mindestens 30 v.H. [habe ich seit 2015], so haben Gewaltopfer einen Rentenanspruch […] Kann das Opfer aufgrund der Schädigungsfolgen seinen Beruf nicht mehr oder nur noch eingeschränkt ausüben, so besteht darüber hinaus Anspruch auf Berufsschadensausgleich […]

Ein Problemfeld stellt die Einholung sogenannter ‚aussagepsychologischer Gutachten' dar. Es bestand bereits Streit darüber, ob diese im OEG-Verfahren überhaupt als zulässiges Beweismittel anzusehen sind. Hintergrund dieser Überlegung ist der methodische Ansatz solcher Glaubhaftigkeitsgutachten, welche sich nach Maßgabe eines Urteils des BGH vom 30.7.1999 am strafrechtlichen Grundsatz **in dubio pro reo (im Zweifel für den Angeklagten)** orientieren und damit am Maßstab des Vollbeweises." (Quelle: Zeitschrift „Soziale Sicherheit" 2/2014)

Wie viele Beweise sollte ich denn noch bringen, dass ich wirklich Opfer schlimmer Gewalttaten war?! Dieser „Gutachter" B. aus K. schreibt, dass meine psychische Vergangenheit nicht reicht, um traumatisiert zu sein. Er nimmt es doch, wie er es braucht: Wenn ich psychisch vorbelastet bin, reicht es nicht für eine Entschädigung, aber damit es nicht für eine Entschädigung reicht, wird geschrieben: WEIL ich ja schon psychisch vorbelastet war … Ich war so stolz auf mich, diesen Kampf um eine Opferentschädigung jahrelang durchzuziehen, habe mich dabei kaputtgekämpft, hätte eine Chance gehabt – aber dann kommt dieser Möchtegern von Gutachter und tritt noch mal nach, obwohl er sieht, dass ich längst am Boden liege … Nein! Ich habe nicht übertrieben, es war alles schlimm für mich – vor allem das Verhöhntwerden vor Gericht und das vernichtende Urteil vom Februar 2012 gegen/für meinen Peiniger W.K.!

Ich kann nur hoffen, dass diesem „Gutachter" nicht auch mal ein traumatisches Ereignis passiert, um dieses Martyrium, was ich durchmachen musste, ein wenig nachvollziehen zu können, um dann zu merken: Huch, nach sechs Monaten – zack, über Nacht – ist das Trauma ja noch gar nicht überwunden! Für Ihre nächsten Gutachten wünsche ich Ihnen mehr Sensibilität, vielleicht denken Sie dann an meine Worte: „Jedes Ihrer Gutachten kann Leben zerstören!"

Hier einige Auszüge aus dem „Gutachten" des Gutachters B. aus K.

„Bei der Schädigung im Dezember 2011 hat es sich nicht um eine „Bagatelle" gehandelt, sondern die seelische Belastung durch die Schädigung war nachvollziehbar erschreckend und potentiell traumatisierend. Es hat sich um ein Ereignis gehandelt, das erheblich außerhalb der „üblichen" menschlichen Erfahrung liegt […]

Die von Frau S. vorgetragenen und nervenärztlich (psychiatrisch) zu beurteilenden Beschwerden haben einen deutlichen inhaltlichen Bezug zur Schädigung […]

Das Erleben einer Schädigung der hier zur Diskussion stehenden Art ist nach allgemeiner nervenärztlicher Erfahrung grundsätzlich geeignet, mehr oder weniger ausgeprägte und mehr oder weniger lange anhaltende seelische Beschwerden zu verursachen […]

Bei Frau S. ist im Sinne einer Disposition/Anlage eine erhöhte seelische Verletzbarkeit anzunehmen auf eine Schädigung der zur Diskussion stehenden Art stärker und/oder länger mit einer krankheitswertigen seelischen Störung zu reagieren als „normalerweise" (im statistischen Mittel) zu erwarten wäre […]

Gegen die Annahme eines weiterhin „wesentlichen" ursächlichen Zusammenhangs zwischen der Schädigung im Dezember 2011 und der psychosomatischen Symptomatik sprechen die alltäglichen sowie nervenärztlichen Erfahrungen mit besonderen lebensgeschichtlichen Belastungen und deren Folgen. Es ist normal, wenn man sich an eine Schädigung der bei Frau S. nachgewiesenen Art noch jahrelang erinnert und diese Erinnerung mit einem mehr oder weniger ausgeprägtem Unwohlsein verbunden ist. Es kann aber aus meiner nervenärztlichen Sicht mit einer derartigen Schädigung nicht plausibel begründet werden, wenn jemand jahrelang ausgeprägte Beschwerden klagt. Eine Ausnahme hiervon wäre möglich, falls der „seelische Vorschaden" so groß war, dass die Schädigung den sogenannten letzten Tropfen darstellte, der das Fass zum Überlaufen brachte, aber ein derartiger „seelischer Vorschaden" ist bei Frau S. nicht nachzuweisen oder anzunehmen, auch nicht bei Berücksichtigung einer vorbestehenden vermehrten seelischen Verletzbarkeit. Dies berücksichtigend empfehle ich anzuerkennen, dass die nervenärztlich zu beurteilende Symptomatik spätestens ab dem 03.06.2012 (nach Ablauf von 6 Monaten nach der Schädigung) ursächlich mit Wahrscheinlichkeit nicht mehr mit der Schädigung im Dezember 2011 begründet werden kann, sondern ursächlich mit Wahrscheinlichkeit die schädigungsunabhängigen Faktoren (Konflikte, Motive, Wünsche etc. zum Beispiel die schädigungsunabhängigen Gesundheitsstörungen, die berufliche und private Situation, die Tatsache des Versichertseins etc.) anzunehmen sind. Diese schädigungsunabhängigen Faktoren/Stressoren sind gut geeignet, die Entwicklung bis zu der heute nachweisbaren „reaktiven" psychosomatischen Störung zu begründen.

Dementsprechend empfehle ich anzunehmen, dass schädigungsbedingt psychische Beschwerden bestanden (maximal) bis zum

02.06.2012. Seitdem kann der Schädigung im Dezember 2011 aus meiner nervenärztlichen Sicht nur noch die Bedeutung eines „Anknüpfungspunktes" zugerechnet werden, der zwar die „Gestalt" der krankheitswertigen seelischen (psychosomatischen) Störung weiter prägt, dem aber keine wesentliche („messbare") ursächliche Bedeutung mehr zuzurechnen ist.

Ich empfehle als Schädigungsfolge anzuerkennen eine leicht ausgeprägte psychosomatische (neurotische) Störung.

Diese nervenärztlich zu beurteilende Gesundheitsstörung hat sich – dem Descrescendo-Verlauf derartiger Gesundheitsstörungen entsprechend – zurückgebildet. Dies berücksichtigend empfehle ich anzuerkennen, dass schädigungsbedingt psychische Beschwerden bestanden (maximal) bis zum 02.06.2012.

(Descrescendo-Verlauf heißt: Je weiter das traumatische Erlebnis zurück liegt, umso eher darf man annehmen, dass seine Wirkung verblasst, sofern nicht sekundäre Faktoren ins Spiel kommen). Das entspricht dem üblichen Lauf der Dinge. Nur bei schwersten, schicksalhaften Traumatisierungen wird man mit lang anhaltenden Folgezuständen rechnen müssen." (KIND 1988)

(Quelle: Originalauszüge aus dem 82 Seiten umfassenden „Gutachten" des psychiatrischen „Gutachters" B. aus K.)

Um meine Niederlage und das ganze Desaster um meine Opferanerkennung verarbeiten zu können, schrieb ich der Richterin H., welche für meinen Fall und das Urteil zuständig und verantwortlich war, folgenden Brief:

Sehr geehrte Richterin H.,
da Sie ja der Meinung waren, einen Gutachter einschalten zu müssen, waren Sie also auch der Meinung, ich habe dies alles inszeniert, habe übertrieben, konnten Sie mir wirklich nicht glauben,

was W.K. mir alles angetan hat und was mir daraus alles entstanden ist!?!?!?

Wollten Sie die Verantwortung für eine Entscheidung nicht selbst tragen und haben deshalb diesen zwielichtigen Gutachter ins Boot geholt?!

War Ihnen beim Heranziehen eines Gutachters in dem Moment schon klar, dass das die Niederlage für das Opfer – also mich – ist?! Bestanden/bestehen hier Absprachen zwischen Gericht und Gutachtern?

Wenn Sie meinen elenden Werdegang verfolgt haben, hätten Sie als Mensch anders entschieden als eine Richterin am Amtsgericht?

Sie hätten laut „Gut"achter auch anders entscheiden können, als es der Gutachter B. beurteilt hat. Warum haben Sie mich mit meinem Schicksal und in meinem jahrelangen mutigen Kampf um eine Opferanerkennung im Regen stehen gelassen? Spielt Sympathie und Antipathie eine Rolle?

Wenn Sie sich mit meinem „Fall" eingehend befasst hätten, hätten Sie bemerkt, dass es mir nicht mehr nur um die traumatischen Szenen mit W.K. ging, sondern um das ungerechte Fehl-Urteil vom 07.02.2013 und dessen Wiedergutmachung. Warum wurde dies nie berücksichtigt, nie so gesehen!?

Bei der Besprechung im September 2019, als die beiden Vertreter vom Land Sa.-Anhalt, meine Anwältin W. und ich anwesend waren, haben Sie mir vorgegaukelt, dass ich eine Chance hätte, als Gewaltopfer anerkannt zu werden. Was hat Sie dazu bewogen, Ihre Meinung zu ändern?!

Haben Sie manchmal auch Empathie für die Opfer oder geht es hier nur darum, Ihre Machtposition auszuspielen, mich bei Laune zu halten, damit ich mich kaputtkämpfen und sämtlichen Anwälten und Institutionen Geld in den Rachen werfen kann?! (Dies ist kein Vorwurf, sondern mein persönlicher Eindruck)

Wachen Sie manchmal/öfter (hoffentlich) schweißgebadet aus einem Albtraum auf (so wie ich jahrelang!!!), weil Sie als Mensch anders entschieden hätten und versagt haben, als Richterin so schreiend ungerecht – mich als Opfer fallengelassen haben!?

Ich fühle mich als Opfer sehr respektlos behandelt, ich hoffe, Sie können das nachvollziehen!

Mit freundlichen Grüßen
D. S.

Hier die Reaktion auf meinen Brief (ohne Kommentar meinerseits …)

SACHSEN-ANHALT

Soziaigericht Halle · Postfach 10 02 55 · 06141 Halle (Saale)

Frau

**Der Präsident
des Sozialgerichts
Halle**

Sehr geehrte Frau Swikle,

19.11.2021

Ihr Schreiben vom 19.10.2021 an Frau Richterin am Sozialgericht ██████ ist mir vorgelegt worden. Ich werte es als Dienstaufsichtsbeschwerde.

Ihr Zeichen Ihre Nachricht vom
19.10.2021

Mein Zeichen

Der Präsident des Sozialgerichts Halle übt die Dienstaufsicht über die Richter des Sozialgerichts aus.

Nach § 26 Abs. 1 des Deutschen Richtergesetzes (DRiG) untersteht ein Richter der Dienstaufsicht nur, soweit nicht seine Unabhängigkeit beeinträchtigt wird. Zum Schutzbereich der sachlichen richterlichen Unabhängigkeit gehören in erster Linie die eigentliche Rechtsfindung und die ihr mittelbar dienenden Sach- und Verfahrensentscheidungen, einschließlich nicht ausdrücklich vorgeschriebener, dem Interesse der Rechtssuchenden dienender richterlicher Handlungen, die in einem konkreten Verfahren mit der Aufgabe des Richters, Recht zu finden und den Rechtsfrieden zu sichern, in Zusammenhang stehen (sog. Kernbereich der richterlichen Tätigkeit).

Bearbeitet von
Durchwahl ██████

Die richterliche Amtsführung unterliegt hingegen der Dienstaufsicht, als es um die Sicherung eines ordnungsgemäßen Geschäftsablaufs, die äußere Form der Erledigung eines Dienstgeschäftes oder um solche Fragen geht, die dem Kernbereich der Rechtsprechungstätigkeit so weit entrückt sind, dass sie nur noch als zur äußeren Ordnung gehörig angesehen werden können.

Informationen zum Datenschutz
„www.sg-hal.sachsen-anhalt.de/
themen/datenschutz". Auf
Wunsch werden diese Informationen in Papierform übersandt

In dem Verfahren vor dem Sozialgericht Halle ██████ stritten Sie mit dem Land Sachsen-Anhalt über einen Anspruch nach dem Opferentschädigungsgesetz (OEG). Eine Überprüfung des Urteils vom 07.02.2013 war nicht Gegenstand des Verfahrens. Die Berufung gegen das Urteil des Sozialgerichts Halle vom 08.07.2020 wurde zurückgenommen (Landessozialgericht Sachsen-Anhalt, ██████), das Verfahren damit rechtskräftig beendet.

Thüringer Straße 16
06112 Halle (Saale)

**Sachsen-Anhalt
#moderndenken**

Im sozialgerichtlichen Verfahren gilt der Amtsermittlungsgrundsatz. Danach erforscht das Gericht den Sachverhalt von Amts wegen; die Beteiligten sind dabei heranzuziehen. Das Gericht ist an das Vorbringen und die Beweisanträge der Beteiligten nicht gebunden (§ 103 des Sozialgerichtsgesetzes, SGG).

Für die Beweisaufnahme sind nach § 118 Abs. 1 S. 1 SGG Vorschriften der Zivilprozessordnung (ZPO) entsprechend anzuwenden. Nach § 404 Abs. 1 S. 1 ZPO erfolgt die Auswahl der zuzuziehenden Sachverständigen durch das Gericht. Die Entscheidung, welcher Sachverständige vom Richter beauftragt wird, ist dem Kernbereich der richterlichen Tätigkeit zuzuordnen und entzieht sich daher einer dienstaufsichtsrechtlichen Bewertung. Ihre Prozessbevollmächtigten sind vor der Beauftragung des Gutachters gehört worden.

Dem Protokoll des Erörterungstermins am 21.09.2018 kann ich ebenfalls keine Anhaltspunkte entnehmen, die dienstaufsichtsrechtliche Maßnahmen rechtfertigen. Auch sonst sehe ich nach Durchsicht der Gerichtsakte des Verfahrens ███████ keinen Anlass, im Rahmen der Dienstaufsicht tätig zu werden.

Mit freundlichen Grüßen

████████

Vizepräsident des Sozialgerichtes

Beglaubigt: 22.11.2021
███████████████
███████████

Justizangestellte

TEIL II

Erwacht
oder
Mein stummer Schrei in ein neues Leben

Die schönsten Menschen sind die Unperfekten.
Sie erzählen Geschichten mit ihrem Gesicht,
ihrem Körper, ihren Falten, ihren Narben.

Als ich mich selbst zu lieben begann ...
(Charlie Chaplin)

Als ich mich selbst zu lieben begann,
habe ich verstanden, dass ich immer und bei jeder Gelegenheit,
zur richtigen Zeit am richtigen Ort bin
und dass alles, was geschieht, richtig ist
von da an konnte ich ruhig sein.
Heute weiß ich: Das nennt man VERTRAUEN.

Als ich mich selbst zu lieben begann,
konnte ich erkennen, dass emotionaler Schmerz und Leid
nur Warnungen für mich sind,
gegen meine eigene Wahrheit zu leben.
Heute weiß ich: Das nennt man AUTHENTISCH SEIN.

Als ich mich selbst zu lieben begann,
habe ich aufgehört, mich nach einem anderen Leben zu sehnen
und konnte sehen, dass alles um mich herum eine Aufforderung
zum Wachsen war. Heute weiß ich: Das nennt man REIFE.

Als ich mich selbst zu lieben begann,
habe ich aufgehört, mich meiner freien Zeit zu berauben,
und ich habe aufgehört, weiter grandiose Projekte
für die Zukunft zu entwerfen.
Heute mache ich nur das, was mir Spaß und Freude macht,
was ich liebe und was mein Herz zum Lachen bringt,
auf meine eigene Art und Weise und in meinem Tempo.
Heute weiß ich: Das nennt man EHRLICHKEIT.

Als ich mich selbst zu lieben begann,
habe ich mich von allem befreit, was nicht gesund für mich war,
von Speisen, Menschen, Dingen, Situationen
und von Allem, das mich immer wieder hinunterzog,
weg von mir selbst.

Anfangs nannte ich das gesunden Egoismus,
aber heute weiß ich: Das ist SELBSTLIEBE.

Als ich mich selbst zu lieben begann,
habe ich aufgehört, immer recht haben zu wollen,
so habe ich mich weniger geirrt.
Heute habe ich erkannt: Das nennt man DEMUT.

Als ich mich selbst zu lieben begann,
habe ich mich geweigert,
weiter in der Vergangenheit zu leben
und mich um meine Zukunft zu sorgen.
Jetzt lebe ich nur noch in diesem Augenblick,
wo alles stattfindet,
so lebe ich heute jeden Tag und nenne es BEWUSSTHEIT.

Als ich mich zu lieben begann,
da erkannte ich, dass mich mein Denken
armselig und krank machen kann.
Als ich jedoch meine Herzenskräfte anforderte,
bekam der Verstand einen wichtigen Partner.
Diese Verbindung nenne ich heute HERZENSWEISHEIT.

Wir brauchen uns nicht weiter vor Auseinandersetzungen,
Konflikten
und Problemen mit uns selbst und anderen fürchten,
denn sogar Sterne knallen manchmal aufeinander
und es entstehen neue Welten.
Heute weiß ich: DAS IST LEBEN!

Es heißt, dass Charlie Chaplin (16.4.1889–25.12.1977) an seinem
70. Geburtstag dieses Gedicht über Selbstliebe und Selbstmitge-
fühl vorgetragen hat. Seitdem geht es um die Welt.

Wie treffend und maßgeschneidert passt diese Rede auf die letzten Monate meines bisherigen Lebens! Ich kann mir gut vorstellen, dass sich viele Menschen mit diesem wertvollen Text identifizieren können. Also lasst uns das Beste daraus machen, versuchen wir erstmal uns selbst so gut es geht zu akzeptieren und zu lieben, damit wir jemand anderen lieben können.

Stärke kommt nicht aus der Kraft in meinen Armen, sondern aus den Narben meiner Seele.

Kurzer Rückblick

Meine seelischen Wunden habe ich ja bereits in meinem ersten Kapitel „Kaputtgekämpft oder Mein Schrei nach Gerechtigkeit" ausführlich beschrieben. Hier ging es um jahrelange häusliche Gewalt in der Partnerschaft, die ich zwar ertragen – aber immer wieder polizeilich und anwaltlich angezeigt habe. Nach Jahren kam es endlich zur Gerichtsverhandlung mit fünf Verhandlungstagen, mit Zeugen, die ich nie benannt habe, OHNE die Zeugen, DIE ich benannt habe. Mit Aktionen seitens der Staatsanwaltschaft, die Kopfschütteln, Unverständnis und Wut in mir verursacht haben. Mit einem Urteil, was mich zusammenbrechen ließ, nachgewiesene schwere Körperverletzung – unter anderem mehrere Einstiche in meinen Körper mit einem verrosteten, aber scharfen Bajonett – ach ja. Das konnte diesem Täter nicht nachgewiesen werden – aber sichergestellt wurde es … Naja – habe ich mir eben selbst mehrmals in den Rücken gehackt! Klar, dass er das abgestritten hat – und: Unter Alkoholeinfluss ist alles erlaubt, und nichts wird strafverfolgt!

Leute trinkt Alkohol und euch erwartet ein sorgenfreies Leben, wenn ihr eine Straftat begeht! Das meine ich natürlich nicht ernst – aber meine Erfahrung hat mich so zynisch und wütend werden lassen! Wütend auf die Justiz, wütend auf manche Gesetze, wütend auf Anwälte, Gutachter und Richter.

Das Urteil lautete: „90 Tagessätze á 10,–Euro – wie bitte?! Großes Achselzucken und Stirnrunzeln … Keine Auflagen, keine Antiaggressionstherapie, keine Entzugstherapie (im Gegenteil: während der Gerichtsverhandlung, als auch ich aussagen musste, wurde ihm gepflegt Alkohol verabreicht, damit er seinen Alkoholspiegel aufrecht erhält, weiter vernehmungsfähig ist und nicht kreislaufbedingt auf dem Schreibtisch seines bissigen Glücksgriff-Anwalts zusammenbricht). Meine damalige Anwältin, die ich im Frauenschutzhaus kennenlernte, entpuppte sich für mich als „Schuss in den Ofen" und inkompetent, kämpfte kein bisschen in meinem Interesse und ließ als krönenden Abschluss noch das Adhäsionsverfahren fallen. Adhäsionsverfahren bedeutet anhängiges Opferentschädigungsverfahren. Das konnte und wollte ich so nicht hinnehmen – und der eigentliche Kampf gegen Windmühlen begann. Zehn lange Jahre kämpfte ich um eine Opferanerkennung! Vergebens! Alle Anträge inklusive Prozesskostenhilfe wurden heftigst abgeschmettert. Ich kam mir verhöhnt, vorgeführt, bloßgestellt, narzisstisch und bettelnd vor. Doch ich war einfach nur verzweifelt und krank.

Während dieser ganzen Kämpferei, dieses ständigen Auf und Ab zwischen Bangen und Hoffen, verlor ich meine geliebte Arbeit: meine Tätigkeit als Intensiv-Fachkraft in der 1:1-Pflege.

Nicht nur meine Seele – auch mein Körper wurde krank.

Es begann mit Schlafproblemen, der Schlaf-Wach-Rhythmus geriet aus dem Takt, gegessen habe ich schnell, ungesund und „energieliefernd" (sprich zuckersüß). Muskel- und Gelenkschmerzen stellten sich ein, ständig Stress- und Spannungskopfschmerz, Schmerztabletten wurden eingeworfen, denn ich musste ja funktionieren. Der Stoffwechsel war verlangsamt, ich wurde immer müder und erschöpfter, nahm extrem an Gewicht zu, die Schilddrüse hatte beschlossen, wenn sie nur auf Sparflamme arbeitet, kann sie ihrer Patientin zumindest einen tollen japanischen Namen präsentieren, nämlich „Hashimoto".

Jetzt hätte ich eigentlich mal Urlaub machen sollen – vielleicht auf einer schönen Insel, aber meine Langerhans-Inseln meines Pankreas (Bauchspeicheldrüse) haben beschlossen, selbst Urlaub zu machen, sodass sich ein manifester Diabetes mellitus Typ II entwickelte und mein Blutdruck einen Höhenrausch bekam …

Ich beantragte eine Reha-Maßnahme, diese wurde abgelehnt, ich ging in Widerspruch, dies wurde ebenfalls abgelehnt. Ich war verzweifelt, ließ es einige Monate ruhen und beantragte erneut eine Reha. Dieser Antrag verschwand im Nirgendwo, weder bei der Krankenkasse noch beim Rententräger war er auffindbar. Im Computer der Ärztin der ehemaligen Gemeinschaftspraxis – kein Hinweis. Die Ärztin selbst arbeitet nicht mehr in dieser Praxis. Zum Glück hatte ich die Unterlagen kopiert – aber was war das? Bei genauerem Durchlesen war der Antrag NUR auf die Psyche reduziert. Die Psyche habe ich mir aber schon größtenteils durch das Schreiben meines Buches „Kaputtgekämpft" geheilt. Mir war aber klar, dass jetzt mal mein Körper dran ist, Hilfe zu bekommen. Also manipulierte und ergänzte ich den Antrag so, dass die somatisch-körperliche Seite nicht zu kurz kommt, reicht diesen „neuen" Antrag persönlich ein und überbrückte die Wartezeit vom Einreichen des Antrags bis zur Genehmigung – wenn überhaupt – mit einem Arztbesuch in einer PRAXIS FÜR HORMONELLE GESUNDHEIT UND STOFFWECHSEL. Was habe ich mir von der Auswertung versprochen! Hier das Ergebnis: „Verlauf: Die Vorstellung von Frau S. erfolgte bei Adipositas. Bei der von uns durchgeführten laborchemischen Diagnostik zeigte sich das Vollbild eines metabolischen Syndroms mit Diabetes mellitus Typ 2. Ausdauersport und Diät blieben bisher ohne Erfolg und es kommt zur Vorstellung der Patientin in der Adipositassprechstunde.

Aus unserer Sicht kann eine bariatrische OP nach Ausschöpfung der Diabetestherapieoptionen zur Verbesserung der Stoffwechselsituation beitragen."

Jetzt interpretiere ich mal diese Auswertung aus der Sicht einer betroffenen Patientin – nämlich aus meiner Sicht: Bei der zu dicken und ungesunden Patientin bestätigte sich das Vollbild eines metabolischen Syndroms, sprich: das gemeinsame Auftreten mehrerer Störungen, die das Risiko für die Entwicklung einer Arteriosklerose erhöhen. Dazu zählen das Viszeralfett (bauchbetonte Fettleibigkeit), eine gestörte Fähigkeit zur Zuckerverwertung (also Diabetes mellitus Typ 2), Störungen im Fettstoffwechsel (erhöhte Trigliceride, erhöhtes LDL, zu niedriges HDL-Cholesterin) sowie Bluthochdruck. „Das Vollbild der Krankheit entwickelt sich nur langsam. Das höchste Risiko für die Entwicklung einer Arteriosklerose besteht bei Kombination aller Hauptsymptome. Folgekrankheiten der Arterienverkalkung sind beispielsweise Herzinfarkt oder Schlaganfall. Das metabolische Syndrom geht oft mit weiteren Komplikationen wie zum Beispiel mit Entzündungswerten im Blut einher. Da das metabolische Syndrom in erster Linie Ergebnis der Lebensgewohnheiten (insbesondere mangelnde Bewegung und ungesunde Ernährung) ist, sollte bei der Behandlung eine Änderung der Lebensweise im Vordergrund stehen." (Quelle „Redaktion Gesundheitsportal", letzte Aktualisierung: 17. Mai 2021, Expertenprüfung durch: ao. Univ.-Prof. Dr. Cem Ekmekcioglu)

Ich rackere mich seit 2015 in Fitnesscentern ab, gehe joggen und spazieren, habe professionelle Ernährungsberatungskurse besucht, lebe und esse inzwischen gesund und nehme trotzdem immer mehr zu – aber irgendetwas ist da noch: Meine starken körperlichen Schmerzen auf der Haut, in den Muskeln und Gelenken, die sich wie eine Fibromyalgie anfühlen.

Der Satz des o. g. Arztes: „Aus unserer Sicht kann eine bariatrische OP nach Ausschöpfung der Diabetestherapieoptionen zur

Verbesserung der Stoffwechselsituation beitragen" klingt für mich etwas wirklichkeitsfremd. Natürlich – welcher Arzt macht eine operative Magenverkleinerung bei einem BMI von 33,28! Und überhaupt: Lese ich daraus, die Patientin isst zu viel, Diät und Bewegung helfen bei ihr eh´ nicht mehr?!

Mein jetziger Fitnesstrainer hat sich meinen Speise- und Trinkplan genauestens angesehen: Zweieinhalb Liter Wasser am Tag ist okay, aber ich esse viel zu wenig – die inzwischen aufgebauten Muskeln brauchen mehr Nahrung, aber eben die RICHTIGE!

Alles im Leben hat irgendwie einen Sinn, auch wenn man ihn nicht sofort erkennt – nämlich der zwei Jahre lang andauernde Kampf um eine Reha-Maßnahme, deren Zusage – und: man beachte Ort und Zeitpunkt …

Oh nein, bitte nicht: Drei Wochen Reha in dem verschlafenen unattraktiven „Alte-Leute-Nest" Bad Elster!

Ich habe meine Vorurteile abgelegt und mich eines Besseren belehren lassen: Anfang Januar 2022 – angekommen in meiner Reha-Klinik in Bad Elster, einem heilklimatischen Kurort und Staatsbad im sächsischen Vogtlandkreis – versuchte ich zu akzeptieren, wo ich gelandet bin. Der wunderschöne kleine Ort mit mildem Reizklima ist eines der ältesten Mineral- und Moorheilbäder Deutschlands mit netten „Ureinwohnern/Innen" (Danke liebe M. von der Tourist-Info für deine wundervollen Wanderungen mit den informativen, zum Teil lustigen Erklärungen) und Menschen, die hier leben und arbeiten. Dazu gehören unter anderem auch mein Reha-Arzt Dr. med. S., Psychotherapeut Herr Sch. sowie sämtliche Physiotherapeut/Innen und Servicekräfte.)

Vor dem ärztlichen Aufnahmegespräch hatte ich dermaßen Panik, doch nur wieder in die psychische Schiene geschoben zu werden – etwas anderes hatte ich nicht erwartet. In einem recht desolaten körperlichen und psychischen Zustand, zitternd, mit

unbeschreiblichen Kopfschmerzen (seitdem hatte ich keine mehr-
bis jetzt, November 2022) und einem Blutdruck von 195/145
(inzwischen 125/75) verlief unser Gespräch völlig anders. Dieser Arzt hat mir zugehört, obwohl ich nur etwas „zurechtstam-
meln" konnte.

Es gibt einen ganz tollen Spruch, der mir in diesem Zusammenhang einfällt:

„RESPEKT FÄNGT BEIM ZUHÖREN AN"

Mein Reha-Arzt hat erkannt, dass ich schwerwiegende kör-
perliche Probleme hatte. Nicht nur mein Übergewicht, auch
die Schilderungen meiner Schmerzen und meine gesicherte
Diagnose Autoimmunthyreoiditis (Hashimoto) waren für ihn
Indiz genug, versteckte Entzündungen aufzuspüren und zu
entschärfen. Der Bluttest, sprich ein erhöhter Wert des C-re-
aktiven Proteins (CRP), und der Anstieg der Leukozyten sind
die beiden wichtigsten diagnostischen Zeichen für eine Entzündung. Natürlich waren diese Werte bei mir schon seit Jahren
erhöht, die verschiedensten Labore haben mir das schwarz auf
weiß mitgeteilt, aber wahrscheinlich kümmert es viele Ärzte
nicht, weil sie eventuell mit der Behandlung überfordert sind
oder weil eben diese zu aufwändig ist. Also wird dezent darüber hinweggesehen ...

Aber: **Stille Entzündungen oder Entzündungen allgemein
können die natürlichen Regulationsmechanismen im Körper gehörig durcheinanderwirbeln – und so die Gesundheit stark beeinträchtigen**

Allein in Deutschland leiden Millionen Menschen an den Folgen chronischer Entzündungen. Dabei ist eine Entzündung zu-
nächst ein wichtiger Schutzmechanismus des Körpers. Das Immunsystem reagiert damit prompt auf Eindringlinge wie Viren,
Bakterien oder andere Krankheitserreger. Probleme entstehen vor

allem dann, wenn die Immunabwehr plötzlich harmlose Stoffe als Feinde ansieht und daher umgehend eine heftige Entzündungsreaktion in Gang setzt. Oder wenn ein ganz „normaler" Infekt das Immunsystem dazu veranlasst, weit über das Ziel des sinnvollen Abwehrkampfes gegen die „Feinde" hinauszuschießen. Dabei machen die Abwehrzellen nicht einmal vor körpereigenem Gewebe und Organen halt. Die Entzündung verselbstständigt sich und wird chronisch.

Oft heißt die Diagnose dann „Autoimmunkrankheit" (wie in meinem Fall Hashimoto-Thyreoiditis), manchmal auch „Allergie".

Besonders gefährlich ist es, wenn Entzündungsprozesse im Verborgenen schwelen und daher nicht behandelt werden. So kann der Entzündungsherd überall im Körper weitere Entzündungen auslösen und im schlimmsten Fall sogar einen Herzinfarkt verursachen. Ausgangspunkte gibt es viele – zum Beispiel eine Parodontitis (Entzündung des gesamten Zahnhalteapparates), aber auch bauchbetontes Übergewicht.

Was passiert in der Regel, wenn ein Arzt diese Inflammation erkennt und diese behandelt?

Die Schulmedizin ist der Meinung, dass trotz größter wissenschaftlicher Bemühungen, Antibiotika noch immer die einzigen Medikamente sind, die an der Ursache einer Entzündung ansetzen können. Alle anderen derzeit zur Verfügung stehenden Arzneien bekämpfen in erster Linie die Entzündungsreaktion und damit nur die Symptome der Erkrankung.

Hier eine Übersicht über die gängigsten Arzneimittel der Schulmedizin:

• Antibiotika
• Ibuprofen und Naxopren
  (nichtsteroidale antiflammatorische Medikamente

- Kortison
- Interferone
- Antihistaminika – um nur einige zu nennen.

Ich bin der Meinung, ich hätte mich „totsporteln" und „tothungern" können, ich hätte kein Gramm abgenommen! Im Prinzip wusste ich das schon lange, denn ich habe gesund gegessen, mich viel bewegt, aber die Kilos wollten nicht purzeln, im Gegenteil. Aber warum war das so? Für mich war klar, meine Schilddrüse war tablettenmäßig nicht gut genug eingestellt. Aber da lag ich wahrscheinlich auch falsch, denn die L-Thyroxin 75 µg waren auch okay, heißen jetzt nur „Plus", also mit ein wenig Jod.

Aber das Problem war ein ganz anderes – nämlich Entzündungen, schlimmer noch – eine versteckte Entzündung!

Mein Körper war jahrelang nur damit beschäftigt, Atmung, Herz-Kreislauffunktion, Verdauung und vielleicht auch etwas Hirnfunktion aufrecht zu erhalten. Das hat ihn so unendlich viel Kraft gekostet, sodass er sich nicht auch noch um den Stoffwechsel bzw. ums Abnehmen und schon gar nicht um die Bekämpfung der Entzündungen kümmern konnte. Also schwelte die Entzündung in meinem Körper, ich bekam immer mehr Verspannungskopfschmerzen, Muskel- und Gelenkschmerzen, bewegte mich weniger, verharrte in Schonhaltungen, wurde immer frustrierter, hatte kaum noch Spaß am Leben, hatte kaum noch Hobbys, wurde immer träger, bekam immer mehr Schmerzen, wurde für Familie und Freunde immer unerträglicher, wurde mit mir immer unzufriedener, bekam noch mehr Schmerzen und noch mehr Pfunde – so entstand die schlimme

ABWÄRTSSPIRALE!

Man selbst bekommt so etwas niemals allein in den Griff, hier sind kompetente Ärzte gefragt, die eine Inflammation erkennen und im besten Fall behandeln.

Thema Stoffwechsel

(Quelle: Apotheken-Umschau, aktualisiert am 21.08.2018 von Simone Herzner)

Was genau bewirkt er und wie kurble ich ihn an? Ist Stoffwechsel das Gleiche wie Verdauung?

Viele Menschen, die von Stoffwechsel sprechen, meinen eigentlich die Verdauung. Aber Stoffwechsel ist nicht gleich Verdauung. Im Grunde gibt es auch nicht DEN EINEN STOFFWECHSEL. Unser Stoffwechsel – auch Metabolismus genannt, ist ein biochemischer Vorgang, der in allen Körperzellen stattfindet. Sprich: In jeder einzelnen Körperzelle werden die zugeführten Nährstoffe verstoffwechselt, d. h. abgebaut, umgebaut und zu neuen Stoffen aufgebaut. Damit die Vielzahl an lebensnotwendigen Vorgängen im Körper richtig funktioniert, nutzt unser Körper die Nährstoffe, Vitamine, Mineralien und Spurenelemente, die er über die Nahrung aufnimmt. Unser wichtigstes Stoffwechselorgan ist die Leber, aber auch unser Hormon- und Nervensystem spielen eine wichtige Rolle, da über Hormone und Enzyme der Stoffwechsel wesentlich gesteuert wird. Zudem beeinflussen äußere Faktoren, wie z. B. die Temperatur unseren Stoffwechsel.

Unser Körper benötigt Energie, um seine Aufgaben erfüllen zu können. Diese Energie wird ihm über die Nahrung mit den Makronährstoffen Kohlenhydrate, Fette und Eiweiße zugeführt. Jetzt kommt die Verdauung ins Spiel, denn die Nährstoffe müssen in Magen und Darm in ihre Bestandteile zerlegt werden, um überhaupt in den Blutkreislauf zu gelangen. Über die Blutbahnen werden die zerkleinerten Nährstoffe im ganzen Körper verteilt und zu den Zellen transportiert, wo diese Nährstoffe wie auch Mineralien in eigenen Stoffwechselprozessen verarbeitet werden. Von diesen verschiedenen Stoffwechseln stammen die Begriffe Kohlenhydratstoffwechsel, Eiweißstoffwechsel, Fettstoffwechsel und Mineralstoffwechsel.

Neben der Energiegewinnung dienen sie dem Körper, je nach Funktion, zum Muskelaufbau, zur Bildung von Hormonen und Enzymen sowie für den Aufbau der Knochen.

Bestimmte Faktoren beeinflussen den Stoffwechsel

Der Stoffwechsel bestimmt unter anderem auch unser Gewicht zu einem großen Teil – je aktiver er ist, desto schlanker ist der Mensch und desto leichter kann er auch abnehmen. Mit einem trägen Stoffwechsel fällt Abnehmen schwerer und der betroffene Mensch neigt eher zum Übergewicht. Neben dem Alter spielt auch das Geschlecht eine Rolle: jüngere Menschen haben einen schnelleren Stoffwechsel und auch Männer verbrennen mehr Energie, da sie häufig mehr Muskelmasse als Frauen haben. Eine ungesunde Ernährung, Diäten und zu wenig Bewegung wirken sich oft negativ auf den Stoffwechsel aus. Auch gewisse Erkrankungen, wie z. B. eine Schilddrüsenunterfunktion, können für einen langsamen Stoffwechsel verantwortlich sein.

Ein gesunder Stoffwechsel bringt Einiges

Ob man gesund lebt, schneller abnimmt, die Fettverbrennung steigern und sich im eigenen Körper wohlfühlen möchte – all das ist nur mit einem intakten Stoffwechsel möglich. Denn die gesamten biochemischen Vorgänge, die in unserem Körper ablaufen, bedeuten nichts anderes als unsere Gesundheit. Ein gesunder Stoffwechselrhythmus senkt die Gefahren von gesundheitlichen Risiken, ist er hingegen gestört, kann unser Organismus durcheinandergeraten. Die einzelnen Vorgänge greifen so eng ineinander, dass eine Störung die nächste nach sich zieht.

Beim metabolischen Syndrom z.B. wird Übergewicht von Bluthochdruck sowie erhöhten Blutzucker- und Blutfettwerten begleitet.

Gute Gründe, den Stoffwechsel in Schwung zu halten.

Unser Stoffwechsel lässt sich ankurbeln

Um unsere Körperfunktionen zu erhalten, brauchen wir Menschen unterschiedlich viel Energie. Einige Menschen verbrauchen in Ruhe mehr Energie als andere, haben also einen höheren Grundumsatz. Daher kann man den Grundumsatz im Ruhemodus auch nicht erhöhen. Umso wichtiger also ist für ausreichend Bewegung zu sorgen, damit der Stoffwechsel angeregt wird. Mit Sport und einer gesunden Ernährung können wir unseren Energieverbrauch und somit unseren Energiestoffwechsel nämlich ankurbeln und steigern. Wir sollten auch darauf achten, dass die Räume, in denen wir uns aufhalten, nicht überheizt sind und dass wir öfters mal lüften. Denn je wärmer wir es haben, desto weniger muss unser Stoffwechsel arbeiten, um die ideale Körpertemperatur von 36,6 Grad zu halten – und Sauerstoff ist unerlässlich für die Zellen, um den Stoffwechsel überhaupt durchführen zu können.

Wir dürfen eine bewusste Ernährung nicht außer Acht lassen

Eine ballaststoffreiche, gesunde Ernährung mit Lebensmitteln mit einer hohen Nährstoffdichte kann unseren Stoffwechsel anregen. Dazu gehören Obst, Gemüse, Getreide, Hülsenfrüchte, fettarmes Fleisch und Fisch. Obst bietet den weiteren Vorteil, dass es viel Vitamin C enthält, das ebenfalls Einfluss auf einen gesunden Stoffwechsel hat.

Meine Devise: „One apple a day keeps the doctor away" – „ein Apfel pro Tag hält den Doktor fern"

Falsch ist es zu hungern, denn wird der Organismus mit Nährstoffen unterversorgt, sorgt er dafür, dass die Stoffwechselaktivität der inneren Organe stark heruntergefahren wird. In einem solchen Sparmodus wird viel weniger Energie verbraucht und zudem werden die Muskeln, unser größter Energieverwerter, abgebaut.

Bewegen wir uns mehr!

Um unseren Stoffwechsel so richtig in Schwung zu bringen, eignet sich am besten Sport. Dadurch verbrennen wir nicht nur mehr Energie, sondern bauen auch Muskeln auf, die selbst in Ruhe Energie verbrauchen. Ideal sind also Kräftigungsübungen zum Muskelaufbau und Ausdauertraining wie Joggen, Radfahren und Schwimmen. Neuere Erkenntnisse zeigen, dass Sport nach Feierabend allein die negativen Auswirkungen der langen Inaktivität bei sitzenden Tätigkeiten tagsüber nicht ausgleichen kann. Nutzen wir also die Möglichkeiten, die uns der (Berufs-)Alltag bietet, um mehr Bewegung in unseren Tagesablauf zu integrieren!

Ich weiß bis heute nicht konkret, warum mir die Infusionstherapie mit NaCl, hochwertigem Vitamin B12, Selen, Omega 3, Vitamin D und vielleicht noch irgendetwas geholfen hat – zumindest war die Kombination von einem kompetenten empathischen Reha-Arzt, einem professionellen, menschlich wertvollen Psychotherapeuten sowie die Unterstützung durch sämtliche Physiotherapeuten der Reha-Klinik lebensrettend für mich.

Muskelaufbau per Gerätetraining, Nordic-Walking, Schwimmen, gute Gespräche, viel Wasser trinken, gesund essen, viel lachen und Interessen wecken für Natur, Hobby und Lesen – all das trug zu meiner Genesung bzw. zur Verbesserung meiner Persönlichkeits- und Wesensveränderung bei.

Ich nehme wieder am Leben teil!

Und dies innerhalb eines Vierteljahres – mit 18 Kilo weniger!

Auf jeden Fall war kein Antibiotikum, kein Kortison oder ähnliches Arzneimittel bei der Ankurbelung meines Stoffwechsels sowie bei der Bekämpfung meiner (versteckten) Entzündungen im Spiel, doch leider wird es zu oft und zu schnell verschrieben, meist mit verheerenden Nebenwirkungen …

„Schreib' nicht so viel medizinischen Kram, das interessiert doch niemanden!", wurde mir gutgemeint ans Herz gelegt, als jemand meine Aufzeichnungen überflog …

Für mich ist es aber wichtig, die Zusammenhänge so kurz wie möglich und so ausführlich wie nötig zu schildern.

„Ich hab' noch nie gesehen, dass man ein Skript in verschiedenen Schriftarten erstellt – ach ich weiß, du willst nicht, dass jemand beim Lesen einschläft, und hältst den Leser damit wach!"

Danke für die Nettigkeiten, aber das ist **MEIN** Stil …

Kurz nach der Reha hatte ich zuhause einen präluziden Traum, d. h. der Traum war ein Klartraum, der so dermaßen realistisch war, dass ich sehr verwirrt, aber positiv und optimistisch gestimmt aufwachte:

Ich befand mich in einem sterilen Krankenzimmer neben einem Labor eines wissenschaftlichen Instituts. Die Mitarbeiter dort waren Ärzte, Professoren, Homöopathen, Laboranten und dergleichen, die eine neue Therapie entwickelt hatten. Sie nannten diese P-Therapie. Warum, weiß ich nicht – vielleicht L (entwickelt im Labor/labor), A (angewandt am Tier/animalia), P (angewandt am Patienten/patient). Also, die P-Therapie konnte nach langen Versuchen und Genehmigungsverfahren endlich an Patienten wie mir durchgeführt werden. Es war ein großer Moment für alle Beteiligten.

Diese Infusions-Therapie sollte nach einigen Anwendungen den Beweis erbringen, dass Heilung möglich ist, sobald Abwehr und Bereitstellung eigener Stammzellen eines Organismus chronische Infektionen oder versteckte Entzündungen überwiegen.

Diese „Traumpersonen" unterhielten sich, dass ich optimale klinische Voraussetzungen hätte: Metabolisches Syndrom, Übergewicht, Diabetes mell. Typ II, Autoimmunkrankheit, Muskel-, Gelenks- und Hautschmerzen, also fibromyalgisches Schmerzsyndrom, Fatique-Syndrom (Dauererschöpfung), Aphasie (Wortfindungsstörungen), chronische Verspannungskopfschmerzen, hoher Blutdruck, hohe Cholesterinwerte, hohe Blutzuckerwerte, entgleiste TSH-, fT3- und fT4-Werte (also Schilddrüsenwerte) usw. …

Sie klärten mich in meinem Traum darüber auf, dass diese P-Therapie keine chemische Substanz im Sinne eines Antibiotikums sei, sondern sie würde auf einer Vielzahl zusammengestellter homöopathischer Informationsmuster beruhen, die elektronisch verstärkt auf den Patienten, also auf mich, übertragen werden.

Sie beruhigten mich, indem sie mir versicherten, dass die Liste der Erkrankungen, bei denen mit der P-Therapie erfolgreich behandelt werden konnte, mittlerweile sehr lang sei. Man hätte herausgefunden, dass ein überwiegender Teil aller Erkrankungen, vor allem auch die Zivilisationskrankheiten durch chronische Infektionen mit Mikroorganismen (wie Bakterien, Viren, Pilze, Parasiten u. a.) hervorgerufen würden.

Noch richtig mittendrin und hautnah in den Therapien wachte ich auf: Nein, bitte nicht! Dann geht doch alles wieder von vorn los: Aufwachen mit chronischen Kopf-, Muskel-, Gelenk- und Hautschmerzen, gefrustet, traurig, müde …

Aber was war das: Ich war wirklich hellwach in der Realität angekommen, wartete ich auf sämtliche Schmerzen – **nichts!**

Kopfschmerzen hatte ich das letzte Mal Anfang Januar 2022 – bis heute, Anfang November 2022: keine Kopfschmerzen, Muskel-, Gelenk- und Hautschmerzen mehr.

Laut Laborbericht sind meine Entzündungswerte inzwischen unauffällig, Blutdruckwerte, Schilddrüsen-, Blutzucker- und Cholesterinwerte im Optimalbereich. Keine Heißhungerattacken mehr, fitter im Kopf und sportbegeistert.

Meine Erfolgsgeschichte geht weiter, denn im Moment stehe ich bei 65 kg Körpergewicht, habe Spaß an der Bewegung im Fitnesscenter, habe dezent Muskeln aufgebaut, die natürlich die besten Energieverwerter sind, und hoffe auf einen baldigen Optimal-BMI, oder besser einen Optimal-WHtR (Waist-to-Height Ratio) noch in diesem Jahr – und das mit 62 Jahren! Also – was sagt uns das?

Es ist nie zu spät! Noch besser ist: **Aus einem SPÄTER sollte man viel öfter ein JETZT machen, bevor ein NIE daraus wird!**

Osterbesuch bei meiner Familie in Wien: „Ich bin angekommen!", meine Enkelinnen Al. Und Au. reißen die Wohnungstür auf: „Oh Oh, Ooooomiiiiii, wie siehst du denn aus?! Hast du dich verändert! Du hast dich ja halbiert!" (Na na na, liebe Al., ganz so extrem ist es ja nun auch nicht!) „Gut, wir haben uns jetzt vier lange Monate nicht gesehen, in denen viel passiert ist, aber irgendwie siehst du anders aus! – Da können wir ja im

Sommer wieder Klettern gehen, aber nicht auf so nen pille-palle-pipifax-KS 4 C/D-Klettersteig wie der Nonnenfelsen in Jonsdorf im Zittauer Gebirge, sondern mindestens mal ein KS 5. Mal sehen, ob du dann immer noch so laut schwitzt, wie letzten Sommer!" (Mit **„laut schwitzen"** meint meine 10-jährige Enkelin mein Keuchen, Hecheln, Jammern, Schniefen und Schwitzen beim Bewältigen eines Klettersteiges, der für mich eine Wahnsinnsherausforderung ist/war, aber für 10-jährige Kinder z. B. ein sportlicher Spaziergang sein kann).

Unsere Wanderung durch die Weinberge bei Wien von Neustift nach Nussdorf konnte ich mal richtig genießen – ohne Schmerzen, mit 18 kg „Gepäck" (Gewicht) weniger, ohne Frust und ohne düstere Gedanken. Diese Route gehen wir immer wieder sehr gerne, wenn wir meine Tochter, meinen Schwiegersohn und meine beiden En(g)kelinnen besuchen, die in Wien wohnen, leben und arbeiten.

Oben genannte Route ist der Klassiker unter den Weinwanderungen Wiens. Sie führt über Sievering, vorbei am Weingut Cobenzl nach Grinzing und von dort über den Nussberg nach Nussdorf. Die Tour bietet eine traumhafte Aussicht und zahlreiche Heurigen und Buschenschänke für den Gaumenschmaus. (Der Begriff „Heuriger" bezeichnet den Jungwein des Jahres und die „Buschenschank", die den Wein ausschenkt.)

Eine solche Wanderung durch die Natur war ein guter Maßstab für mich, zu erkennen, dass ich dieses Jahr das erste Mal richtig **g★e★n★i★e★ß★e★n** konnte, während die Jahre zuvor ein solcher Spaziergang für mich eine Strapaze war, die ich einfach nur ertragen und rumbringen musste. Was für eine neue Lebensqualität!

Natürlich könnte ich jetzt auf hohem Niveau jammern, warum mir dies nicht früher passieren durfte, aber ich weiß: Alles im Leben hat seine Zeit – und ich bin ja dankbar, dass mir diese neue Lebensqualität überhaupt „passiert" ist!

„Schreib das alles bloß nicht mit deinem richtigen Namen, auch wenn du meinst, du hättest nichts zu verbergen – manche Leute könnten sich dadurch getriggert fühlen, falls denen dein Büchlein in deren Hände geraten sollte!", war ein nächster gutgemeinter Rat des „Überfliegers", also der Person, welche beim kurzen Durchlesen den Überblick hatte …

Wer fragt mich, wenn ich mich getriggert fühle!? Wer hilft mir!? Wer stützt mich!? Wer steht mir bei, wenn mich etwas oder jemand triggert!?

Triggern wird überbewertet, da sollte man/frau durch! Mit vielen Herausforderungen und Situationen sollten wir konfrontiert werden, denn nur immer unangenehmen, heiklen Dingen aus dem Weg zu gehen, kann nicht die Lösung aller Probleme sein!

Nicht vergessen:

„HARTE ZEITEN FORMEN STARKE MENSCHEN"

Nachwort

Ehrlich gesagt, eine Schreibblockade hatte ich nie, denn ich habe mir nichts aus den Fingern gesogen, sondern nur das leise rausgeschrien, was mich bewegt hat oder noch immer bewegt.

Ein Skriptleser hat mich gefragt, was denn eigentlich meine Botschaft sei und was ich damit sagen will – wen dieses Buch interessieren könnte und wenn ja, warum. Ich rätsle immer noch, ob das lustig oder zynisch, böse oder ehrlich von ihm war – egal. Trotzdem **DANKE** – für die kalte Dusche.

Die Situation nach der Fertigstellung meines Buches mit der unmittelbaren Kritik danach fühlte sich an wie:

Wenn nach zwei Stunden Blumengießen ein heftiger Regen kommt, der nicht im Regenradar zu erkennen war …

Meine Botschaft ist:

Es lohnt sich zu kämpfen

Auch wenn mir bei meinem Kampf um Gerechtigkeit mehrere Türen vor der Nase zugeschlagen wurden, öffnete sich irgendwo eine andere Tür, mit der ich nicht gerechnet hatte. Diese andere Tür hat mir aber einen neuen Weg aufgezeigt, der auch wertvoll und spannend war und noch ist. Ich habe lästiges Gepäck in einen großen Rucksack gepackt und auf meinem Skript abgestellt.

Ich habe lästiges Gepäck in Form von Übergewicht abgeworfen, **weil ich mir in meinem Buch alles von der Seele geredet habe …**

Und Ja – meine Botschaft an alle, die ihre Probleme nicht durch Eintragungen in ihr Tagebuch bewältigen konnten und zu viel Wirrwarr im Kopf haben

SCHREIBT EIN BUCH!

Ich bin stolz auf meine Narben, denn ich habe die Geschichte dazu überlebt …

Dieses Buch darf weitergeschrieben werden …

Ich bin dankbar für jeden Kommentar, jede Bemerkung – auch wenn sie wehtut, jeden Trost und jede neue Sichtweise mit Anregungen …

„Warum hast du die Gewalt so lange ertragen und bist nicht eher gegangen?" – Frage einer guten Freundin

„Wie viel Raum darf die Demütigung seitens der Justiz, Anwälte und Gutachter im eigenen Kopf beanspruchen?" – Frage eines guten Bekannten, der anonym bleiben möchte

Dankeschön für's Zuhören, Lesen und vielleicht sogar Mitfühlen.

Immerhin ist es mein erstes Buch und mir kamen und kommen immer noch Zweifel an meinen Fähigkeiten, ein Buch zu schreiben. Was passiert, wenn es niemand lesen will, wenn ich zu viel negative Kritik einstecken muss ? oder was passiert mit mir, wenn ich auch nur einem Menschen zu neuen Denkanstößen verholfen habe, Mut gemacht habe und tolle Feedbacks bekomme. Was, wenn es nicht mein letztes Buch sein wird…?

DANKE
Dorothea Hesse – Swikle

EIN HERZ FÜR AUTOREN A HEART FOR AUTHORS À L'ÉCOUTE DES AUTEURS MIA KAPΔIA ΓΙΑ ΣΥΓΓΡ
UN CORAZÓN POR FÖRFATTARE UN CORAZÓN POR LOS AUTORES YAZARLARIMIZA GÖNÜL VERELIM SZ
PER AUTORI ET HJERTE FOR FORFATTERE EEN HART VOOR SCHRIJVERS TEMOS OS AUTO
MÖNKERT SERCE DLA AUTORÓW EIN HERZ FÜR AUTOREN A HEART FOR AUTHORS À L'ÉCOU
AO ВСЕЙ ДУШОЙ К АВТОРАМ ETT HJÄRTA FÖR FÖRFATTARE À LA ESCUCHA DE LOS AUTO
MIA KAPΔIA ΓΙΑ ΣΥΓΓΡΑΦΕΙΣ UN CUORE PER AUTORI ET HJERTE FOR FORFATTERE EEN
ER ...... ÖINKÉRT SERCE DLA AUTORÓW EIN HERZ FÜR
AO ВСЕЙ ДУШОЙ К АВТОРАМ ETT HJÄRTA FÖ

Die Autorin

Die 1959 in Sachsen-Anhalt geborene Dorothea
Hesse-Swikle ging Zeit ihres Lebens ihrer
Berufung als Krankenpflegerin, später in der
1:1-Intensivpflege, nach. Obwohl diese Arbeit sehr
fordernd war, sah sie stets die positiven Aspekte
darin und war voller Leidenschaft präsent.
Aufgewachsen als zweite Tochter einer einfachen
Arbeiterfamilie in der DDR und mit einem im
Grunde harmoniebedürftigen Charakter versehen,
musste sie früh lernen, gegen Menschen
und Situationen anzukämpfen. Nach herben
Niederlagen hat sie inzwischen ihren inneren
Frieden und ihren Platz im Leben gefunden. Das
Aufschreiben ihrer Gedanken und Gefühle und ihr
Fitnesstraining haben hierzu einen großen Beitrag
geleistet.
Dorothea Hesse-Swikle ist verheiratet, und ihre
Familie, vor allem ihre beiden Enkelinnen, die
sie Engelinnen nennt, liegt ihr sehr am Herzen.
Gemeinsam gehen sie regelmäßig ihrem Hobby,
dem Klettern, nach.

novum VERLAG FÜR NEUAUTOREN

Der Verlag

Wer aufhört besser zu werden, hat aufgehört gut zu sein!

Basierend auf diesem Motto ist es dem novum Verlag ein Anliegen, neue Manuskripte aufzuspüren, zu veröffentlichen und deren Autoren langfristig zu fördern. Mittlerweile gilt der 1997 gegründete und mehrfach prämierte Verlag als Spezialist für Neuautoren in Deutschland, Österreich und der Schweiz.

Für jedes neue Manuskript wird innerhalb weniger Wochen eine kostenfreie, unverbindliche Lektorats-Prüfung erstellt.

Weitere Informationen zum Verlag und seinen Büchern finden Sie im Internet unter:

www.novumverlag.com